PREFACIO

La colección de guías de conversación para viajar "Todo irá bien" publicada por T&P Books está diseñada para personas que viajan al extranjero para turismo y negocios. Las guías contienen lo más importante - los elementos esenciales para una comunicación básica.Éste es un conjunto de frases imprescindibles para "sobrevivir" mientras está en el extranjero.

Esta guía de conversación le ayudará en la mayoría de los casos donde usted necesite pedir algo, conseguir direcciones, saber cuánto cuesta algo, etc. Puede también resolver situaciones difíciles de la comunicación donde los gestos no pueden ayudar.

Este libro contiene una gran cantidad de frases que han sido agrupadas según los temas más relevantes. Esta edición también incluye un pequeño vocabulario que contiene alrededor de 3.000 de las palabras más frecuentemente usadas.Otra sección de la guía proporciona un glosario gastronómico que le puede ayudar a pedir los alimentos en un restaurante o a comprar comestibles en la tienda.

Llévese la guía de conversación "Todo irá bien" en el camino y tendrá una insustituible compañera de viaje que le ayudará a salir de cualquier situación y le enseñará a no temer hablar con extranjeros.

TABLA DE CONTENIDOS

T&P Books Publishing

Colección de guías de conversación
"¡Todo irá bien!"

T&P Books Publishing

GUÍA DE CONVERSACIÓN

— INDONESIO —

Andrey Taranov

LAS PALABRAS Y LAS FRASES MÁS ÚTILES

Esta Guía de Conversación
contiene las frases y las
preguntas más comunes
necesitadas para una
comunicación básica
con extranjeros

T&P BOOKS

Guía de conversación + diccionario de 3000 palabras

Guía de conversación Español-Indonesio y vocabulario temático de 3000 palabras

por Andrey Taranov

La colección de guías de conversación para viajar "Todo irá bien" publicada por T&P Books está diseñada para personas que viajan al extranjero para turismo y negocios. Las guías contienen lo más importante - los elementos esenciales para una comunicación básica. Éste es un conjunto de frases imprescindibles para "sobrevivir" mientras está en el extranjero.

Este libro también incluye un pequeño vocabulario temático que contiene alrededor de 3.000 de las palabras más frecuentemente usadas. Otra sección de la guía proporciona un glosario gastronómico que le puede ayudar a pedir los alimentos en un restaurante o a comprar comestibles en la tienda.

T&P Books Publishing
www.tpbooks.com

ISBN: 978-1-78616-906-8

Este libro está disponible en formato electrónico o de E-Book también.
Visite www.tpbooks.com o las librerías electrónicas más destacadas en la Red.

PRONUNCIACIÓN

La letra	Ejemplo indonesio	T&P alfabeto fonético	Ejemplo español
Aa	zaman	[a]	radio
Bb	besar	[b]	en barco
Cc	kecil, cepat	[ʧ]	mapache
Dd	dugaan	[d]	desierto
Ee	segera, mencium	[e], [ə]	viernes
Ff	berfungsi	[f]	golf
Gg	juga, lagi	[g]	jugada
Hh	hanya, bahwa	[h]	registro
Ii	izin, sebagai ganti	[i], [j]	ilegal, asiento
Jj	setuju, ijin	[ʤ]	tadzhik
Kk	kemudian, tidak	[k], [ˀ]	charco, oclusiva glotal sorda
Ll	dilarang	[l]	lira
Mm	melihat	[m]	nombre
Nn	berenang	[n], [ŋ]	número, manga
Oo	toko roti	[o:]	domicilio
Pp	peribahasa	[p]	precio
Qq	Aquarius	[k]	charco
Rr	ratu, riang	[r]	rumbo
Ss	sendok, syarat	[s], [ʃ]	salva, shopping
Tt	tamu, adat	[t]	torre
Uu	ambulans	[u]	mundo
Vv	renovasi	[v]	travieso
Ww	pariwisata	[w]	acuerdo
Xx	boxer	[ks]	taxi
Yy	banyak, syarat	[j]	asiento
Zz	zamrud	[z]	desde

Las combinaciones de letras

aa	maaf	[aˀa]	a+oclusiva glotal sorda
kh	khawatir	[h]	registro
th	Gereja Lutheran	[t]	torre
-k	tidak	[ˀ]	oclusiva glotal sorda

LISTA DE ABREVIATURAS

Abreviatura en español

adj	-	adjetivo
adv	-	adverbio
anim.	-	animado
conj	-	conjunción
etc.	-	etcétera
f	-	sustantivo femenino
f pl	-	femenino plural
fam.	-	uso familiar
fem.	-	femenino
form.	-	uso formal
inanim.	-	inanimado
innum.	-	innumerable
m	-	sustantivo masculino
m pl	-	masculino plural
m, f	-	masculino, femenino
masc.	-	masculino
mat	-	matemáticas
mil.	-	militar
num.	-	numerable
p.ej.	-	por ejemplo
pl	-	plural
pron	-	pronombre
sg	-	singular
v aux	-	verbo auxiliar
vi	-	verbo intransitivo
vi, vt	-	verbo intransitivo, verbo transitivo
vr	-	verbo reflexivo
vt	-	verbo transitivo

T&P BOOKS

GUÍA DE CONVERSACIÓN INDONESIO

Esta sección contiene frases importantes que pueden resultar útiles en varias situaciones de la vida real. La Guía le ayudará a pedir direcciones, aclaración sobre precio, comprar billetes, y pedir alimentos en un restaurante

T&P Books Publishing

CONTENIDO DE LA GUÍA DE CONVERSACIÓN

T&P Books Publishing

Lo más imprescindible

Perdone, …	**Permisi, …** [permisi, …]
Hola.	**Halo.** [halo]
Gracias.	**Terima kasih.** [terima kasih]
Sí.	**Ya.** [ja]
No.	**Tidak.** [tidaʔ]
No lo sé.	**Saya tidak tahu.** [saja tidaʔ tahu]
¿Dónde? | ¿A dónde? | ¿Cuándo?	**Di mana? | Ke mana? | Kapan?** [di mana? | ke mana? | kapan?]
Necesito …	**Saya perlu …** [saja perlu …]
Quiero …	**Saya ingin …** [saja iŋin …]
¿Tiene …?	**Apa Anda punya …?** [apa anda punja …?]
¿Hay … por aquí?	**Apa ada … di sini?** [apa ada … di sini?]
¿Puedo …?	**Boleh saya …?** [boleh saja …?]
…, por favor? (petición educada)	**Tolong, …** [toloŋ, …]
Busco …	**Saya sedang mencari …** [saja sedaŋ mentʃari …]
el servicio	**kamar kecil** [kamar ketʃil]
un cajero automático	**ATM** [a-te-em]
una farmacia	**apotek** [apoteʔ]
el hospital	**rumah sakit** [rumah sakit]
la comisaría	**kantor polisi** [kantor polisi]
el metro	**stasiun bawah tanah** [stasiun bawah tanah]

un taxi	**taksi** [taksi]
la estación de tren	**stasiun kereta api** [stasiun kereta api]
Me llamo …	**Nama saya ...** [nama saja ...]
¿Cómo se llama?	**Siapa nama Anda?** [siapa nama anda?]
¿Puede ayudarme, por favor?	**Bisakah Anda menolong saya?** [bisakah anda menoloŋ saja?]
Tengo un problema.	**Saya sedang kesulitan.** [saja sedaŋ kesulitan]
Me encuentro mal.	**Saya tidak enak badan.** [saja tida' enak badan]
¡Llame a una ambulancia!	**Panggil ambulans!** [paŋgil ambulans!]
¿Puedo llamar, por favor?	**Boleh saya menelepon?** [boleh saja menelepon?]
Lo siento.	**Maaf.** [ma'af]
De nada.	**Terima kasih kembali.** [terima kasih kembali]
Yo	**Saya, aku** [saja, aku]
tú	**kamu, kau** [kamu, kau]
él	**dia, ia** [dia, ia]
ella	**dia, ia** [dia, ia]
ellos	**mereka** [mereka]
ellas	**mereka** [mereka]
nosotros /nosotras/	**kami** [kami]
ustedes, vosotros	**kalian** [kalian]
usted	**Anda** [anda]
ENTRADA	**MASUK** [masu']
SALIDA	**KELUAR** [keluar]
FUERA DE SERVICIO	**TIDAK DAPAT DIGUNAKAN** [tida' dapat digunakan]
CERRADO	**TUTUP** [tutup]

ABIERTO

BUKA
[buka]

PARA SEÑORAS

UNTUK PEREMPUAN
[untu' perempuan]

PARA CABALLEROS

UNTUK LAKI-LAKI
[untu' laki-laki]

Preguntas

¿Dónde?

¿A dónde?

¿De dónde?

¿Por qué?

¿Con que razón?

¿Cuándo?

Di mana?
[di mana?]
Ke mana?
[ke mana?]
Dari mana?
[dari mana?]
Kenapa?
[kenapa?]
Untuk apa?
[untu' apa?]
Kapan?
[kapan?]

¿Cuánto tiempo?

¿A qué hora?

¿Cuánto?

¿Tiene ...?

¿Dónde está ...?

Berapa lama?
[berapa lama?]
Jam berapa?
[dʒʲam berapa?]
Berapa harganya?
[berapa harganja?]
Apa Anda punya ...?
[apa anda punja ...?]
Di mana ...?
[di mana ...?]

¿Qué hora es?

¿Puedo llamar, por favor?

¿Quién es?

¿Se puede fumar aquí?

¿Puedo ...?

Jam berapa sekarang?
[dʒʲam berapa sekaraŋ?]
Boleh saya menelepon?
[boleh saja menelepon?]
Siapa di sana?
[siapa di sana?]
Boleh saya merokok di sini?
[boleh saja meroko' di sini?]
Boleh saya ...?
[boleh saja ...?]

Necesidades

Quisiera …	**Saya hendak ...** [saja henda' ...]
No quiero …	**Saya tidak ingin ...** [saja tida' iŋin ...]
Tengo sed.	**Saya haus.** [saja haus]
Tengo sueño.	**Saya ingin tidur.** [saja iŋin tidur]
Quiero …	**Saya ingin ...** [saja iŋin ...]
lavarme	**mandi** [mandi]
cepillarme los dientes	**menyikat gigi** [menjikat gigi]
descansar un momento	**istirahat sebentar** [istirahat sebentar]
cambiarme de ropa	**ganti pakaian** [ganti pakajan]
volver al hotel	**kembali ke hotel** [kembali ke hotel]
comprar …	**membeli ...** [membeli ...]
ir a …	**pergi ke ...** [pergi ke ...]
visitar …	**mengunjungi ...** [meŋundʒiuŋi ...]
quedar con …	**bertemu dengan ...** [bertemu deŋan ...]
hacer una llamada	**menelepon** [menelepon]
Estoy cansado /cansada/.	**Saya lelah.** [saja lelah]
Estamos cansados /cansadas/.	**Kami lelah.** [kami lelah]
Tengo frío.	**Saya kedinginan.** [saja kediŋinan]
Tengo calor.	**Saya kepanasan.** [saja kepanasan]
Estoy bien.	**Saya baik-baik saja.** [saja bai'-bai' sadʒia]

Tengo que hacer una llamada.

Saya perlu menelepon.
[saja perlu menelepon]

Necesito ir al servicio.

Saya perlu pergi ke kamar kecil.
[saja perlu pergi ke kamar ketʃil]

Me tengo que ir.

Saya harus pergi.
[saja harus pergi]

Me tengo que ir ahora.

Saya harus pergi sekarang.
[saja harus pergi sekaraŋ]

Preguntar por direcciones

Perdone, …	**Permisi, …** [permisi, …]
¿Dónde está …?	**Di mana …?** [di mana …?]
¿Por dónde está …?	**Ke manakah arah ke …?** [ke manakah arah ke …?]
¿Puede ayudarme, por favor?	**Bisakah Anda menolong saya?** [bisakah anda menoloŋ saja?]
Busco …	**Saya sedang mencari …** [saja sedaŋ mentʃari …]
Busco la salida.	**Saya sedang mencari pintu keluar.** [saja sedaŋ mentʃari pintu keluar]
Voy a …	**Saya akan pergi ke …** [saja akan pergi ke …]
¿Voy bien por aquí para …?	**Benarkah ini jalan ke …?** [benarkah ini dʒalan ke …?]
¿Está lejos?	**Apakah tempatnya jauh?** [apakah tempatnja dʒauh?]
¿Puedo llegar a pie?	**Bisakah saya berjalan kaki ke sana?** [bisakah saja berdʒalan kaki ke sana?]
¿Puede mostrarme en el mapa?	**Bisakah Anda tunjukkan di peta?** [bisakah anda tundʒuʔkan di peta?]
Por favor muestreme dónde estamos.	**Tunjukkan di mana lokasi kita sekarang.** [tundʒuʔkan di mana lokasi kita sekaraŋ]
Aquí	**Di sini** [di sini]
Allí	**Di sana** [di sana]
Por aquí	**Jalan ini** [dʒalan ini]
Gire a la derecha.	**Belok kanan.** [beloʔ kanan]
Gire a la izquierda.	**Belok kiri.** [beloʔ kiri]
la primera (segunda, tercera) calle	**belokan pertama (kedua, ketiga)** [belokan pertama (kedua, ketiga)]
a la derecha	**ke kanan** [ke kanan]

a la izquierda

ke kiri
[ke kiri]

Siga recto.

Lurus terus.
[lurus terus]

Carteles

¡BIENVENIDO!   **SELAMAT DATANG!**
                      [selamat dataŋ!]
ENTRADA   **MASUK**
                      [masu']
SALIDA   **KELUAR**
                      [keluar]

EMPUJAR   **DORONG**
                      [doroŋ]
TIRAR   **TARIK**
                      [tari']
ABIERTO   **BUKA**
                      [buka]
CERRADO   **TUTUP**
                      [tutup]

PARA SEÑORAS   **UNTUK PEREMPUAN**
                      [untu' perempuan]
PARA CABALLEROS   **UNTUK LAKI-LAKI**
                      [untu' laki-laki]
CABALLEROS   **PRIA**
                      [pria]
SEÑORAS   **WANITA**
                      [wanita]

REBAJAS   **DISKON**
                      [diskon]
VENTA   **OBRAL**
                      [obral]
GRATIS   **GRATIS**
                      [gratis]
¡NUEVO!   **BARU!**
                      [baru!]
ATENCIÓN   **PERHATIAN!**
                      [perhatian!]

COMPLETO   **KAMAR PENUH**
                      [kamar penuh]
RESERVADO   **DIPESAN**
                      [dipesan]
ADMINISTRACIÓN   **ADMINISTRASI**
                      [administrasi]
SÓLO PERSONAL AUTORIZADO   **HANYA UNTUK STAF**
                      [hanja untu' staf]

CUIDADO CON EL PERRO

AWAS ANJING GALAK!
[awas anʤiŋ galaˀ!]

NO FUMAR

DILARANG MEROKOK!
[dilaraŋ merokoˀ!]

NO TOCAR

JANGAN SENTUH!
[ʤaŋan sentuh!]

PELIGROSO

BERBAHAYA
[berbahaja]

PELIGRO

BAHAYA
[bahaja]

ALTA TENSIÓN

TEGANGAN TINGGI
[tegaŋan tiŋgi]

PROHIBIDO BAÑARSE

DILARANG BERENANG!
[dilaraŋ berenaŋ!]

FUERA DE SERVICIO

TIDAK DAPAT DIGUNAKAN
[tidaˀ dapat digunakan]

INFLAMABLE

MUDAH TERBAKAR
[mudah terbakar]

PROHIBIDO

DILARANG
[dilaraŋ]

PROHIBIDO EL PASO

DILARANG MASUK!
[dilaraŋ masuˀ!]

RECIÉN PINTADO

CAT BASAH
[tʃat basah]

CERRADO POR RENOVACIÓN

DITUTUP KARENA ADA PERBAIKAN
[ditutup karena ada perbaikan]

EN OBRAS

ADA PROYEK DI DEPAN
[ada projeˀ di depan]

DESVÍO

JALUR ALTERNATIF
[ʤalur alternatif]

Transporte. Frases generales

el avión	**pesawat** [pesawat]
el tren	**kereta api** [kereta api]
el bus	**bus** [bus]
el ferry	**feri** [feri]
el taxi	**taksi** [taksi]
el coche	**mobil** [mobil]
el horario	**jadwal** [dʒˈadwal]
¿Dónde puedo ver el horario?	**Di mana saya dapat melihat jadwalnya?** [di mana saja dapat melihat dʒˈadwalnja?]
días laborables	**hari kerja** [hari kerdʒˈa]
fines de semana	**akhir pekan** [ahir pekan]
días festivos	**hari libur** [hari libur]
SALIDA	**KEBERANGKATAN** [keberaŋkatan]
LLEGADA	**KEDATANGAN** [kedataŋan]
RETRASADO	**DITUNDA** [ditunda]
CANCELADO	**DIBATALKAN** [dibatalkan]
siguiente (tren, etc.)	**berikutnya** [berikutnja]
primero	**pertama** [pertama]
último	**terakhir** [terahir]

¿Cuándo pasa el siguiente …?

Kapan … berikutnya?
[kapan … berikutnja?]

¿Cuándo pasa el primer …?

Kapan … pertama?
[kapan … pertama?]

¿Cuándo pasa el último …?

Kapan … terakhir?
[kapan … terahir?]

el trasbordo (cambio de trenes, etc.)

pindah
[pindah]

hacer un trasbordo

berpindah
[berpindah]

¿Tengo que hacer un trasbordo?

Haruskah saya berpindah?
[haruskah saja berpindah?]

Comprar billetes

¿Dónde puedo comprar un billete?	**Di mana saya dapat membeli tiket?** [di mana saja dapat membeli tiket?]
el billete	**tiket** [tiket]
comprar un billete	**membeli tiket** [membeli tiket]
precio del billete	**harga tiket** [harga tiket]
¿Para dónde?	**Ke mana?** [ke mana?]
¿A qué estación?	**Ke stasiun apa?** [ke stasiun apa?]
Necesito …	**Saya perlu ...** [saja perlu ...]
un billete	**satu tiket** [satu tiket]
dos billetes	**dua tiket** [dua tiket]
tres billetes	**tiga tiket** [tiga tiket]
sólo ida	**sekali jalan** [sekali dʒ'alan]
ida y vuelta	**pulang pergi** [pulaŋ pergi]
en primera (primera clase)	**kelas satu** [kelas satu]
en segunda (segunda clase)	**kelas dua** [kelas dua]
hoy	**hari ini** [hari ini]
mañana	**besok** [beso']
pasado mañana	**lusa** [lusa]
por la mañana	**pagi** [pagi]
por la tarde	**siang** [siaŋ]
por la noche	**malam** [malam]

asiento de pasillo

kursi dekat lorong
[kursi dekat loroŋ]

asiento de ventanilla

kursi dekat jendela
[kursi dekat ʤendela]

¿Cuánto cuesta?

Berapa harganya?
[berapa harganja?]

¿Puedo pagar con tarjeta?

Bisakah saya membayar dengan kartu kredit?
[bisakah saja membajar deŋan kartu kredit?]

Autobús

el autobús	**bus** [bus]
el autobús interurbano	**bus antarkota** [bus antarkota]
la parada de autobús	**pemberhentian bus** [pemberhentian bus]
¿Dónde está la parada de autobuses más cercana?	**Di mana pemberhentian bus terdekat?** [di mana pemberhentian bus terdekat?]
número	**nomor** [nomor]
¿Qué autobús tengo que tomar para …?	**Bus apa yang ke …?** [bus apa jaŋ ke …?]
¿Este autobús va a …?	**Apakah bus ini ke …?** [apakah bus ini ke …?]
¿Cada cuanto pasa el autobús?	**Seberapa sering busnya datang?** [seberapa seriŋ busnja dataŋ?]
cada 15 minutos	**setiap 15 menit** [setiap lima belas menit]
cada media hora	**setiap setengah jam** [setiap seteŋah dʒjam]
cada hora	**setiap jam** [setiap dʒjam]
varias veces al día	**beberapa kali sehari** [beberapa kali sehari]
… veces al día	**… kali sehari** [… kali sehari]
el horario	**jadwal** [dʒjadwal]
¿Dónde puedo ver el horario?	**Di mana saya dapat melihat jadwalnya?** [di mana saja dapat melihat dʒjadwalnja?]
¿Cuándo pasa el siguiente autobús?	**Kapan bus berikutnya?** [kapan bus berikutnja?]
¿Cuándo pasa el primer autobús?	**Kapan bus pertama?** [kapan bus pertama?]
¿Cuándo pasa el último autobús?	**Kapan bus terakhir?** [kapan bus terahir?]
la parada	**pemberhentian** [pemberhentian]

la siguiente parada

la última parada

Pare aquí, por favor.

Perdone, esta es mi parada.

pemberhentian berikutnya
[pemberhentian berikutnja]

pemberhentian terakhir (terminal)
[pemberhentian terahir (terminal)]

Berhenti di sini.
[berhenti di sini]

Permisi, saya turun di sini.
[permisi, saja turun di sini]

Tren

el tren	**kereta api** [kereta api]
el tren de cercanías	**kereta api lokal** [kereta api lokal]
el tren de larga distancia	**kereta api jarak jauh** [kereta api ʤarak ʤauh]
la estación de tren	**stasiun kereta api** [stasiun kereta api]
Perdone, ¿dónde está la salida al anden?	**Permisi, di manakah pintu ke arah peron?** [permisi, di manakah pintu ke arah peron?]

¿Este tren va a ...?	**Apakah kereta api ini menuju ke ...?** [apakah kereta api ini menuʤu ke ...?]
el siguiente tren	**kereta api berikutnya** [kereta api berikutnja]
¿Cuándo pasa el siguiente tren?	**Kapan kereta api berikutnya?** [kapan kereta api berikutnja?]
¿Dónde puedo ver el horario?	**Di mana saya dapat melihat jadwalnya?** [di mana saja dapat melihat ʤadwalnja?]
¿De qué andén?	**Dari peron jalur berapa?** [dari peron ʤalur berapa?]
¿Cuándo llega el tren a ...?	**Kapan kereta api ini sampai di ...?** [kapan kereta api ini sampaj di ...?]

Ayudeme, por favor.	**Tolong bantu saya.** [toloŋ bantu saja]
Busco mi asiento.	**Saya sedang mencari kursi saya.** [saja sedaŋ menʧari kursi saja]
Buscamos nuestros asientos.	**Kami sedang mencari kursi kami.** [kami sedaŋ menʧari kursi kami]

Mi asiento está ocupado.	**Kursi saya sudah ditempati.** [kursi saja sudah ditempati]
Nuestros asientos están ocupados.	**Kursi kami sudah ditempati.** [kursi kami sudah ditempati]
Perdone, pero ese es mi asiento.	**Maaf, ini kursi saya.** [ma'af, ini kursi saja]

¿Está libre?

Apakah kursi ini sudah diambil?
[apakah kursi ini sudah diambil?]

¿Puedo sentarme aquí?

Boleh saya duduk di sini?
[boleh saja dudu' di sini?]

En el tren. Diálogo (Sin billete)

Su billete, por favor.	**Permisi, tiketnya.** [permisi, tiketnja]
No tengo billete.	**Saya tidak punya tiket.** [saja tida' punja tiket]
He perdido mi billete.	**Tiket saya hilang.** [tiket saja hilaŋ]
He olvidado mi billete en casa.	**Tiket saya tertinggal di rumah.** [tiket saja tertiŋgal di rumah]
Le puedo vender un billete.	**Anda bisa membeli tiket dari saya.** [anda bisa membeli tiket dari saja]
También deberá pagar una multa.	**Anda juga harus membayar denda.** [anda dʒʲuga harus membajar denda]
Vale.	**Baik.** [bai']
¿A dónde va usted?	**Ke manakah tujuan Anda?** [ke manakah tudʒʲuan anda?]
Voy a …	**Saya akan pergi ke ...** [saja akan pergi ke ...]
¿Cuánto es? No lo entiendo.	**Berapa harganya? Saya tidak mengerti.** [berapa harganja? saja tida' meŋerti]
Escríbalo, por favor.	**Tolong tuliskan.** [toloŋ tuliskan]
Vale. ¿Puedo pagar con tarjeta?	**Baik. Bisakah saya membayar dengan kartu kredit?** [bai'. bisakah saja membajar deŋan kartu kredit?]
Sí, puede.	**Ya, bisa.** [ja, bisa]
Aquí está su recibo.	**Ini tanda terimanya.** [ini tanda terimanja]
Disculpe por la multa.	**Maaf atas dendanya.** [ma'af atas dendanja]
No pasa nada. Fue culpa mía.	**Tidak apa-apa. Saya yang salah.** [tida' apa-apa. saja jaŋ salah.]
Disfrute su viaje.	**Selamat menikmati perjalanan.** [selamat menikmati perdʒʲalanan]

Taxi

taxi	**taksi** [taksi]
taxista	**sopir taksi** [sopir taksi]
coger un taxi	**menyetop taksi** [menjetop taksi]
parada de taxis	**pangkalan taksi** [paŋkalan taksi]
¿Dónde puedo coger un taxi?	**Di mana saya bisa mendapatkan taksi?** [di mana saja bisa mendapatkan taksi?]
llamar a un taxi	**menelepon taksi** [menelepon taksi]
Necesito un taxi.	**Saya perlu taksi.** [saja perlu taksi]
Ahora mismo.	**Sekarang.** [sekaraŋ]
¿Cuál es su dirección?	**Di mana alamat Anda?** [di mana alamat anda?]
Mi dirección es …	**Alamat saya di …** [alamat saja di …]
¿Cuál es el destino?	**Tujuan Anda?** [tudʒjuan anda?]
Perdone, …	**Permisi, …** [permisi, …]
¿Está libre?	**Apa taksi ini kosong?** [apa taksi ini kosoŋ?]
¿Cuánto cuesta ir a …?	**Berapa ongkos ke …?** [berapa oŋkos ke …?]
¿Sabe usted dónde está?	**Tahukah Anda tempatnya?** [tahukah anda tempatnja?]
Al aeropuerto, por favor.	**Ke bandara.** [ke bandara]
Pare aquí, por favor.	**Berhenti di sini.** [berhenti di sini]
No es aquí.	**Bukan di sini.** [bukan di sini]
La dirección no es correcta.	**Alamatnya salah.** [alamatnja salah]

Gire a la izquierda.	**Belok kiri** [belo' kiri]
Gire a la derecha.	**Belok kanan.** [belo' kanan]

¿Cuánto le debo?	**Berapa yang harus saya bayar?** [berapa jaŋ harus saja bajar?]
¿Me da un recibo, por favor?	**Saya minta tanda terimanya.** [saja minta tanda terimanja]
Quédese con el cambio.	**Kembaliannya untuk Anda.** [kembaliannja untu' anda]

Espéreme, por favor.	**Maukah Anda menunggu saya?** [maukah anda menuŋgu saja?]
cinco minutos	**lima menit** [lima menit]
diez minutos	**sepuluh menit** [sepuluh menit]
quince minutos	**lima belas menit** [lima belas menit]
veinte minutos	**dua puluh menit** [dua puluh menit]
media hora	**setengah jam** [seteŋah dʒ'am]

Hotel

Hola.	**Halo.** [halo]
Me llamo …	**Nama saya …** [nama saja …]
Tengo una reserva.	**Saya sudah memesan.** [saja sudah memesan]
Necesito …	**Saya perlu …** [saja perlu …]
una habitación individual	**kamar single** [kamar siŋle]
una habitación doble	**kamar double** [kamar double]
¿Cuánto cuesta?	**Berapa harganya?** [berapa harganja?]
Es un poco caro.	**Agak mahal.** [agaʔ mahal]
¿Tiene alguna más?	**Apa Anda punya opsi lain?** [apa anda punja opsi lain?]
Me quedo.	**Saya ambil.** [saja ambil]
Pagaré en efectivo.	**Saya bayar tunai.** [saja bajar tunaj]
Tengo un problema.	**Saya sedang kesulitan.** [saja sedaŋ kesulitan]
Mi … no funciona.	**… saya rusak.** [… saja rusaʔ]
Mi … está fuera de servicio.	**… saya tidak dapat digunakan.** [… saja tidaʔ dapat digunakan]
televisión	**TV** [tv]
aire acondicionado	**alat pendingin hawa** [alat pendiŋin hawa]
grifo	**keran** [keran]
ducha	**pancuran** [pantʃuran]
lavabo	**bak cuci** [baʔ tʃutʃi]
caja fuerte	**brankas** [brankas]

cerradura	**kunci pintu** [kuntʃi pintu]
enchufe	**stopkontak** [stopkontak]
secador de pelo	**pegering rambut** [pegeriŋ rambut]

No tengo …	**Tidak ada …** [tidaʾ ada …]
agua	**air** [air]
luz	**lampu** [lampu]
electricidad	**listrik** [listriʾ]

¿Me puede dar …?	**Bisakah Anda memberi saya …?** [bisakah anda memberi saja …?]
una toalla	**handuk** [handuʾ]
una sábana	**selimut** [selimut]
unas chanclas	**sandal** [sandal]
un albornoz	**jubah** [dʒ¹ubah]
un champú	**sampo** [sampo]
jabón	**sabun** [sabun]

Quisiera cambiar de habitación.	**Saya ingin pindah kamar.** [saja iŋin pindah kamar]
No puedo encontrar mi llave.	**Kunci saya tidak ketemu.** [kuntʃi saja tidaʾ ketemu]
Por favor abra mi habitación.	**Bisakah Anda membukakan pintu saya?** [bisakah anda membukakan pintu saja?]

¿Quién es?	**Siapa di sana?** [siapa di sana?]
¡Entre!	**Masuk!** [masuʾ!]
¡Un momento!	**Tunggu sebentar!** [tuŋgu sebentar!]
Ahora no, por favor.	**Jangan sekarang.** [dʒ¹aŋan sekaraŋ]

| Venga a mi habitación, por favor. | **Datanglah ke kamar saya.**
[dataŋlah ke kamar saja] |
| Quisiera hacer un pedido. | **Saya ingin memesan makanan.**
[saja iŋin memesan makanan] |

Mi número de habitación es …

Nomor kamar saya …
[nomor kamar saja …]

Me voy …

Saya pergi …
[saja pergi …]

Nos vamos …

Kami pergi …
[kami pergi …]

Ahora mismo

sekarang
[sekaraŋ]

esta tarde

siang ini
[siaŋ ini]

esta noche

malam ini
[malam ini]

mañana

besok
[beso']

mañana por la mañana

besok pagi
[beso' pagi]

mañana por la noche

besok malam
[beso' malam]

pasado mañana

lusa
[lusa]

Quisiera pagar la cuenta.

Saya hendak membayar.
[saja henda' membajar]

Todo ha estado estupendo.

Segalanya luar biasa.
[segalanja luar biasa]

¿Dónde puedo coger un taxi?

Di mana saya bisa mendapatkan taksi?
[di mana saja bisa mendapatkan taksi?]

¿Puede llamarme un taxi, por favor?

Bisakah Anda memanggilkan saya taksi?
[bisakah anda memaŋgilkan saja taksi?]

Restaurante

¿Puedo ver el menú, por favor?

Bisakah saya melihat menunya?
[bisakah saja melihat menunja?]

Mesa para uno.

Meja untuk satu orang.
[medʒa untu' satu oraŋ]

Somos dos (tres, cuatro).

Kami berdua (bertiga, berempat).
[kami berdua (bertiga, berempat)]

Para fumadores

Ruang Merokok
[ruaŋ meroko']

Para no fumadores

Ruang Bebas Rokok
[ruaŋ bebas roko']

¡Por favor! (llamar al camarero)

Permisi!
[permisi!]

la carta

menu
[menu]

la carta de vinos

daftar anggur
[daftar aŋgur]

La carta, por favor.

Tolong menunya.
[toloŋ menunja]

¿Está listo para pedir?

Apakah Anda siap memesan?
[apakah anda siap memesan?]

¿Qué quieren pedir?

Apa yang ingin Anda pesan?
[apa jaŋ iŋin anda pesan?]

Yo quiero …

Saya ingin memesan ...
[saja iŋin memesan ...]

Soy vegetariano.

Saya vegetarian.
[saja vegetarian]

carne

daging
[dagiŋ]

pescado

ikan
[ikan]

verduras

sayur mayur
[sajur majur]

¿Tiene platos para vegetarianos?

Apa Anda punya hidangan vegetarian?
[apa anda punja hidaŋan vegetarian?]

No como cerdo.

Saya tidak makan daging babi.
[saja tida' makan dagiŋ babi]

Él /Ella/ no come carne.

Dia tidak makan daging.
[dia tida' makan dagiŋ]

Soy alérgico a …

Saya alergi ...
[saja alergi ...]

¿Me puede traer …, por favor?

Tolong ambilkan ...
[toloŋ ambilkan ...]

sal | pimienta | azúcar

garam | merica | gula
[garam | meritʃa | gula]

café | té | postre

kopi | teh | pencuci mulut
[kopi | teh | pentʃutʃi mulut]

agua | con gas | sin gas

air | air soda | air putih
[air | air soda | air putih]

una cuchara | un tenedor | un cuchillo

sendok | garpu | pisau
[sendoʔ | garpu | pisau]

un plato | una servilleta

piring | serbet
[piriŋ | serbet]

¡Buen provecho!

Selamat menikmati!
[selamat menikmati!]

Uno más, por favor.

Tambah satu lagi.
[tambah satu lagi]

Estaba delicioso.

Benar-benar lezat.
[benar-benar lezat]

la cuenta | el cambio | la propina

tagihan | kembalian | tip
[tagihan | kembalian | tip]

La cuenta, por favor.

Tolong tagihannya.
[toloŋ tagihannja]

¿Puedo pagar con tarjeta?

Bisakah saya membayar dengan kartu kredit?
[bisakah saja membajar deŋan kartu kredit?]

Perdone, aquí hay un error.

Maaf, ada kesalahan di sini.
[ma'af, ada kesalahan di sini]

De Compras

¿Puedo ayudarle?
Ada yang bisa saya bantu?
[ada jaŋ bisa saja bantu?]

¿Tiene …?
Apa Anda punya …?
[apa anda punja …?]

Busco …
Saya sedang mencari …
[saja sedaŋ mentʃari …]

Necesito …
Saya perlu …
[saja perlu …]

Sólo estoy mirando.
Saya hanya melihat-lihat.
[saja hanja melihat-lihat]

Sólo estamos mirando.
Kami hanya melihat-lihat.
[kami hanja melihat-lihat]

Volveré más tarde.
Saya akan kembali lagi nanti.
[saja akan kembali lagi nanti]

Volveremos más tarde.
Kami akan kembali lagi nanti.
[kami akan kembali lagi nanti]

descuentos | oferta
diskon | obral
[diskon | obral]

Por favor, enséñeme …
Bisakah Anda tunjukkan …
[bisakah anda tundʒuʔkan …]

¿Me puede dar …, por favor?
Bisakah Anda ambilkan …
[bisakah anda ambilkan …]

¿Puedo probarmelo?
Bisakah saya mencobanya?
[bisakah saja mentʃobanja?]

Perdone, ¿dónde están los probadores?
Permisi, di mana kamar pasnya?
[permisi, di mana kamar pasnja?]

¿Qué color le gustaría?
Warna apa yang Anda inginkan?
[warna apa jaŋ anda iŋinkan?]

la talla | el largo
ukuran | panjang
[ukuran | pandʒiaŋ]

¿Cómo le queda? (¿Está bien?)
Apakah pas?
[apakah pas?]

¿Cuánto cuesta esto?
Berapa harganya?
[berapa harganja?]

Es muy caro.
Itu terlalu mahal.
[itu terlalu mahal]

Me lo llevo.
Saya ambil.
[saja ambil]

Perdone, ¿dónde está la caja?
Permisi, di mana saya harus membayar?
[permisi, di mana saja harus membajar?]

¿Pagará en efectivo o con tarjeta?

Apakah Anda ingin membayar tunai atau dengan kartu kredit?
[apakah anda iŋin membajar tunaj atau deŋan kartu kredit?]

en efectivo | con tarjeta

Tunai | dengan kartu kredit
[tunaj | deŋan kartu kredit]

¿Quiere el recibo?

Apakah Anda ingin tanda terimanya?
[apakah anda iŋin tanda terimanja?]

Sí, por favor.

Ya.
[ja]

No, gracias.

Tidak, tidak usah.
[tida', tida' usah]

Gracias. ¡Que tenga un buen día!

Terima kasih. Semoga hari Anda menyenangkan!
[terima kasih. semoga hari anda menjenaŋkan!]

En la ciudad

Perdone, por favor.	**Permisi, …** [permisi, …]
Busco …	**Saya sedang mencari …** [saja sedaŋ mentʃari …]
el metro	**stasiun bawah tanah** [stasiun bawah tanah]
mi hotel	**hotel saya** [hotel saja]
el cine	**bioskop** [bioskop]
una parada de taxis	**pangkalan taksi** [paŋkalan taksi]
un cajero automático	**ATM** [a-te-em]
una oficina de cambio	**tempat penukaran mata uang** [tempat penukaran mata uaŋ]
un cibercafé	**warnet** [warnet]
la calle …	**Jalan …** [dʒˈalan …]
este lugar	**tempat ini** [tempat ini]
¿Sabe usted dónde está …?	**Apakah Anda tahu lokasi …?** [apakah anda tahu lokasi …?]
¿Cómo se llama esta calle?	**Jalan apakah ini?** [dʒˈalan apakah ini?]
Muestreme dónde estamos ahora.	**Tunjukkan di mana lokasi kita sekarang.** [tundʒˈuʔkan di mana lokasi kita sekaraŋ]
¿Puedo llegar a pie?	**Bisakah saya berjalan kaki ke sana?** [bisakah saja berdʒˈalan kaki ke sana?]
¿Tiene un mapa de la ciudad?	**Apa Anda punya peta kota?** [apa anda punja peta kota?]
¿Cuánto cuesta la entrada?	**Berapa harga tiket masuk?** [berapa harga tiket masuʔ?]
¿Se pueden hacer fotos aquí?	**Bisakah saya berfoto di sini?** [bisakah saja berfoto di sini?]
¿Está abierto?	**Apakah Anda buka?** [apakah anda buka?]

¿A qué hora abren? **Kapan Anda buka?**
[kapan anda buka?]

¿A qué hora cierran? **Kapan Anda tutup?**
[kapan anda tutup?]

Dinero

dinero	**uang** [uaŋ]
efectivo	**tunai** [tunaj]
billetes	**uang kertas** [uaŋ kertas]
monedas	**uang receh** [uaŋ retʃeh]
la cuenta | el cambio | la propina	**tagihan | kembalian | tip** [tagihan | kembalian | tip]
la tarjeta de crédito	**kartu kredit** [kartu kredit]
la cartera	**dompet** [dompet]
comprar	**membeli** [membeli]
pagar	**membayar** [membajar]
la multa	**denda** [denda]
gratis	**gratis** [gratis]
¿Dónde puedo comprar …?	**Di mana saya bisa membeli …?** [di mana saja bisa membeli …?]
¿Está el banco abierto ahora?	**Apakah bank buka sekarang?** [apakah banʔ buka sekaraŋ?]
¿A qué hora abre?	**Kapan bank buka?** [kapan bank buka?]
¿A qué hora cierra?	**Kapan bank tutup?** [kapan bank tutup?]
¿Cuánto cuesta?	**Berapa harganya?** [berapa harganja?]
¿Cuánto cuesta esto?	**Berapa harganya?** [berapa harganja?]
Es muy caro.	**Itu terlalu mahal.** [itu terlalu mahal]
Perdone, ¿dónde está la caja?	**Permisi, di mana saya harus membayar?** [permisi, di mana saja harus membajar?]

La cuenta, por favor.

Tolong tagihannya.
[toloŋ tagihannja]

¿Puedo pagar con tarjeta?

Bisakah saya membayar dengan kartu kredit?
[bisakah saja membajar deŋan kartu kredit?]

¿Hay un cajero por aquí?

Adakah ATM di sini?
[adakah a-te-em di sini?]

Busco un cajero automático.

Saya sedang mencari ATM.
[saja sedaŋ mentʃari a-te-em]

Busco una oficina de cambio.

Saya sedang mencari tempat penukaran mata uang.
[saja sedaŋ mentʃari tempat penukaran mata uaŋ]

Quisiera cambiar …

Saya ingin menukarkan ...
[saja iŋin menukarkan ...]

¿Cuál es el tipo de cambio?

Berapakah nilai tukarnya?
[berapakah nilaj tukarnja?]

¿Necesita mi pasaporte?

Apa Anda butuh paspor saya?
[apa anda butuh paspor saja?]

Tiempo

¿Qué hora es?
Jam berapa sekarang?
[dʒam berapa sekaraŋ?]

¿Cuándo?
Kapan?
[kapan?]

¿A qué hora?
Jam berapa?
[dʒam berapa?]

ahora | luego | después de ...
sekarang | nanti | setelah ...
[sekaraŋ | nanti | setelah ...]

la una
pukul satu
[pukul satu]

la una y cuarto
pukul satu lewat lima belas
[pukul satu lewat lima belas]

la una y medio
pukul satu lewat tiga puluh
[pukul satu lewat tiga puluh]

las dos menos cuarto
pukul satu lewat empat puluh lima
[pukul satu lewat empat puluh lima]

una | dos | tres
satu | dua | tiga
[satu | dua | tiga]

cuatro | cinco | seis
empat | lima | enam
[empat | lima | enam]

siete | ocho | nueve
tujuh | delapan | sembilan
[tudʒuh | delapan | sembilan]

diez | once | doce
sepuluh | sebelas | dua belas
[sepuluh | sebelas | dua belas]

en ...
dalam ...
[dalam ...]

cinco minutos
lima menit
[lima menit]

diez minutos
sepuluh menit
[sepuluh menit]

quince minutos
lima belas menit
[lima belas menit]

veinte minutos
dua puluh menit
[dua puluh menit]

media hora
setengah jam
[seteŋah dʒam]

una hora
satu jam
[satu dʒam]

por la mañana
pagi
[pagi]

por la mañana temprano	**pagi-pagi sekali**
	[pagi-pagi sekali]
esta mañana	**pagi ini**
	[pagi ini]
mañana por la mañana	**besok pagi**
	[beso' pagi]

al mediodía	**tengah hari**
	[teŋah hari]
por la tarde	**siang**
	[siaŋ]
por la noche	**malam**
	[malam]
esta noche	**malam ini**
	[malam ini]

por la noche	**pada malam hari**
	[pada malam hari]
ayer	**kemarin**
	[kemarin]
hoy	**hari ini**
	[hari ini]
mañana	**besok**
	[beso']
pasado mañana	**lusa**
	[lusa]

¿Qué día es hoy?	**Hari apa sekarang?**
	[hari apa sekaraŋ?]
Es …	**Sekarang ...**
	[sekaraŋ ...]
lunes	**Hari Senin**
	[hari senin]
martes	**Hari Selasa**
	[hari selasa]
miércoles	**Hari Rabu**
	[hari rabu]

jueves	**Hari Kamis**
	[hari kamis]
viernes	**Hari Jumat**
	[hari dʒʲumat]
sábado	**Hari Sabtu**
	[hari sabtu]
domingo	**Hari Minggu**
	[hari miŋgu]

Saludos. Presentaciones.

Hola.	**Halo.** [halo]
Encantado /Encantada/ de conocerle.	**Senang dapat berjumpa dengan Anda.** [senaŋ dapat berdʒʲumpa deŋan anda]
Yo también.	**Sama-sama.** [sama-sama]
Le presento a …	**Kenalkan, ...** [kenalkan, ...]
Encantado.	**Senang dapat berjumpa dengan Anda.** [senaŋ dapat berdʒʲumpa deŋan anda]
¿Cómo está?	**Apa kabar?** [apa kabar?]
Me llamo …	**Nama saya ...** [nama saja ...]
Se llama …	**Namanya ...** [namanja ...]
Se llama …	**Namanya ...** [namanja ...]
¿Cómo se llama (usted)?	**Siapa nama Anda?** [siapa nama anda?]
¿Cómo se llama (él)?	**Siapa namanya?** [siapa namanja?]
¿Cómo se llama (ella)?	**Siapa namanya?** [siapa namanja?]
¿Cuál es su apellido?	**Siapa nama belakang Anda?** [siapa nama belakaŋ anda?]
Puede llamarme …	**Panggil saya ...** [paŋgil saja ...]
¿De dónde es usted?	**Dari mana asal Anda?** [dari mana asal anda?]
Yo soy de ….	**Saya dari ...** [saja dari ...]
¿A qué se dedica?	**Apa pekerjaan Anda?** [apa pekerdʒʲa'an anda?]
¿Quién es?	**Siapa ini?** [siapa ini?]
¿Quién es él?	**Siapa dia?** [siapa dia?]
¿Quién es ella?	**Siapa dia?** [siapa dia?]
¿Quiénes son?	**Siapa mereka?** [siapa mereka?]

Este es …	**Ini ...** [ini ...]
mi amigo	**teman saya** [teman saja]
mi amiga	**teman saya** [teman saja]
mi marido	**suami saya** [suami saja]
mi mujer	**istri saya** [istri saja]
mi padre	**ayah saya** [ajah saja]
mi madre	**ibu saya** [ibu saja]
mi hermano	**saudara laki-laki saya** [saudara laki-laki saja]
mi hermana	**saudara perempuan saya** [saudara perempuan saja]
mi hijo	**anak laki-laki saya** [ana' laki-laki saja]
mi hija	**anak perempuan saya** [ana' perempuan saja]
Este es nuestro hijo.	**Ini anak laki-laki kami.** [ini ana' laki-laki kami]
Esta es nuestra hija.	**Ini anak perempuan kami.** [ini ana' perempuan kami]
Estos son mis hijos.	**Ini anak-anak saya.** [ini ana'-ana' saja]
Estos son nuestros hijos.	**Ini anak-anak kami.** [ini ana'-ana' kami]

Despedidas

¡Adiós!	**Selamat tinggal!** [selamat tiŋgal!]
¡Chau!	**Dadah!** [dadah!]
Hasta mañana.	**Sampai bertemu besok.** [sampaj bertemu besoʔ]
Hasta pronto.	**Sampai jumpa.** [sampaj dʒʲumpa]
Te veo a las siete.	**Sampai jumpa pukul tujuh.** [sampaj dʒʲumpa pukul tudʒʲuh]

¡Que se diviertan!	**Selamat bersenang-senang!** [selamat bersenaŋ-senaŋ!]
Hablamos más tarde.	**Kita mengobrol lagi nanti.** [kita meŋobrol lagi nanti]
Que tengas un buen fin de semana.	**Selamat berakhir pekan.** [selamat berahir pekan]
Buenas noches.	**Selamat malam.** [selamat malam]

Es hora de irme.	**Sudah waktunya saya pamit.** [sudah waktunja saja pamit]
Tengo que irme.	**Saya harus pergi.** [saja harus pergi]
Ahora vuelvo.	**Saya akan segera kembali.** [saja akan segera kembali]

Es tarde.	**Sudah larut.** [sudah larut]
Tengo que levantarme temprano.	**Saya harus bangun pagi.** [saja harus baŋun pagi]
Me voy mañana.	**Saya pergi besok.** [saja pergi besoʔ]
Nos vamos mañana.	**Kami pergi besok.** [kami pergi besoʔ]

¡Que tenga un buen viaje!	**Semoga perjalanan Anda menyenangkan!** [semoga perdʒʲalanan anda menjenaŋkan!]
Ha sido un placer.	**Senang dapat berjumpa dengan Anda.** [senaŋ dapat berdʒʲumpa deŋan anda]

Fue un placer hablar con usted.

Senang dapat berbincang dengan Anda.
[senaŋ dapat berbintʃaŋ deŋan anda]

Gracias por todo.

Terima kasih atas segalanya.
[terima kasih atas segalanja]

Lo he pasado muy bien.

Saya senang sekali hari ini.
[saja senaŋ sekali hari ini]

Lo pasamos muy bien.

Kami senang sekali hari ini.
[kami senaŋ sekali hari ini]

Fue genial.

Hari yang luar biasa.
[hari jaŋ luar biasa]

Le voy a echar de menos.

Saya akan merindukan Anda.
[saja akan merindukan anda]

Le vamos a echar de menos.

Kami akan merindukan Anda.
[kami akan merindukan anda]

¡Suerte!

Semoga berhasil!
[semoga berhasil!]

Saludos a …

Sampaikan salam saya untuk ...
[sampajkan salam saja untu' ...]

Idioma extranjero

No entiendo.	**Saya tidak mengerti.** [saja tida' meŋerti]
Escríbalo, por favor.	**Tolong tuliskan.** [toloŋ tuliskan]
¿Habla usted ...?	**Apa Anda bisa berbahasa ...?** [apa anda bisa berbahasa ...?]
Hablo un poco de ...	**Saya bisa sedikit berbahasa ...** [saja bisa sedikit berbahasa ...]
inglés	**Inggris** [iŋgris]
turco	**Turki** [turki]
árabe	**Arab** [arab]
francés	**Perancis** [perantʃis]
alemán	**Jerman** [dʒ'erman]
italiano	**Italia** [italia]
español	**Spanyol** [spanjol]
portugués	**Portugis** [portugis]
chino	**Mandarin** [mandarin]
japonés	**Jepang** [dʒ'epaŋ]
¿Puede repetirlo, por favor?	**Bisakah Anda mengulanginya?** [bisakah anda meŋulaŋinja?]
Lo entiendo.	**Saya mengerti.** [saja meŋerti]
No entiendo.	**Saya tidak mengerti.** [saja tida' meŋerti]
Hable más despacio, por favor.	**Tolong berbicara lebih lambat.** [toloŋ berbitʃara lebih lambat]
¿Está bien?	**Apakah itu benar?** [apakah itu benar?]
¿Qué es esto? (¿Que significa esto?)	**Apa ini? (Apa artinya ini?)** [apa ini? (apa artinja ini?)]

Disculpas

Perdone, por favor.	**Permisi.**
	[permisi]
Lo siento.	**Maaf.**
	[ma'af]
Lo siento mucho.	**Saya benar-benar minta maaf.**
	[saja benar-benar minta ma'af]
Perdón, fue culpa mía.	**Maaf, itu kesalahan saya.**
	[ma'af, itu kesalahan saja]
Culpa mía.	**Saya yang salah.**
	[saja jaŋ salah]

¿Puedo …?	**Boleh saya ...?**
	[boleh saja ...?]
¿Le molesta si …?	**Apakah Anda keberatan jika saya ...?**
	[apakah anda keberatan dʒika saja ...?]
¡No hay problema! (No pasa nada.)	**Tidak apa-apa.**
	[tida' apa-apa]
Todo está bien.	**Tidak apa-apa.**
	[tida' apa-apa]
No se preocupe.	**Jangan khawatir.**
	[dʒˈaŋan hawatir]

Acuerdos

Sí.	**Ya.** [ja]
Sí, claro.	**Ya, tentu saja.** [ja, tentu sadʒia]
Bien.	**Bagus!** [bagus!]
Muy bien.	**Baiklah.** [baiklah]
¡Claro que sí!	**Tentu saja.** [tentu sadʒia]
Estoy de acuerdo.	**Saya setuju.** [saja setudʒiu]
Es verdad.	**Betul.** [betul]
Es correcto.	**Benar.** [benar]
Tiene razón.	**Anda benar.** [anda benar]
No me molesta.	**Saya tidak keberatan.** [saja tidak keberatan]
Es completamente cierto.	**Benar sekali.** [benar sekali]
Es posible.	**Mungkin saja.** [muŋkin sadʒia]
Es una buena idea.	**Ide bagus.** [ide bagus]
No puedo decir que no.	**Saya tidak bisa menolaknya.** [saja tida' bisa menolaknja]
Estaré encantado /encantada/.	**Dengan senang hati.** [deŋan senaŋ hati]
Será un placer.	**Dengan senang hati.** [deŋan senaŋ hati]

Rechazo. Expresar duda

No.
Tidak.
[tidaʔ]

Claro que no.
Tentu saja tidak.
[tentu sadʒʲa tidaʔ]

No estoy de acuerdo.
Saya tidak setuju.
[saja tidaʔ setudʒʲu]

No lo creo.
Saya rasa tidak begitu.
[saja rasa tidaʔ begitu]

No es verdad.
Tidak benar.
[tidaʔ benar]

No tiene razón.
Anda keliru.
[anda keliru]

Creo que no tiene razón.
Saya rasa Anda keliru.
[saja rasa anda keliru]

No estoy seguro /segura/.
Saya kurang yakin.
[saja kuraŋ jakin]

No es posible.
Tidak mungkin.
[tidaʔ muŋkin]

¡Nada de eso!
Itu mengada-ada!
[itu meŋada-ada!]

Justo lo contrario.
Justru kebalikannya.
[dʒʲustru kebalikannja]

Estoy en contra de ello.
Saya menentangnya.
[saja menentaŋnja]

No me importa. (Me da igual.)
Saya tidak peduli.
[saja tidaʔ peduli]

No tengo ni idea.
Saya tidak tahu.
[saja tidaʔ tahu]

Dudo que sea así.
Saya meragukannya.
[saja meragukannja]

Lo siento, no puedo.
Maaf, saya tidak bisa.
[maʔaf, saja tidaʔ bisa]

Lo siento, no quiero.
Maaf, saya tidak mau.
[maʔaf, saja tidaʔ mau]

Gracias, pero no lo necesito.
Maaf, saya tidak membutuhkannya.
[maʔaf, saja tidaʔ membutuhkannja]

Ya es tarde.
Sudah semakin larut.
[sudah semakin larut]

Tengo que levantarme temprano.

Saya harus bangun pagi.
[saja harus baŋun pagi]

Me encuentro mal.

Saya tidak enak badan.
[saja tida' enak badan]

Expresar gratitud

Gracias.	**Terima kasih.** [terima kasih]
Muchas gracias.	**Terima kasih banyak.** [terima kasih banja']
De verdad lo aprecio.	**Saya sangat menghargainya.** [saja saŋat meŋhargainja]
Se lo agradezco.	**Saya sangat berterima kasih** **kepada Anda.** [saja saŋat berterima kasih kepada anda]
Se lo agradecemos.	**Kami sangat berterima kasih** **kepada Anda.** [kami saŋat berterima kasih kepada anda]
Gracias por su tiempo.	**Terima kasih atas waktu Anda.** [terima kasih atas waktu anda]
Gracias por todo.	**Terima kasih atas segalanya.** [terima kasih atas segalanja]
Gracias por …	**Terima kasih atas ...** [terima kasih atas ...]
su ayuda	**bantuan Anda** [bantuan anda]
tan agradable momento	**saat yang menyenangkan ini** [sa'at jaŋ menjenaŋkan ini]
una comida estupenda	**hidangan yang luar biasa ini** [hidaŋan jaŋ luar biasa ini]
una velada tan agradable	**malam yang menyenangkan ini** [malam jaŋ menjenaŋkan ini]
un día maravilloso	**hari yang luar biasa ini** [hari jaŋ luar biasa ini]
un viaje increíble	**perjalanan yang menakjubkan ini** [perdʒalanan jaŋ menakdʒubkan ini]
No hay de qué.	**Jangan sungkan.** [dʒaŋan suŋkan]
De nada.	**Terima kasih kembali.** [terima kasih kembali]
Siempre a su disposición.	**Sama-sama.** [sama-sama]
Encantado /Encantada/ de ayudarle.	**Dengan senang hati.** [deŋan senaŋ hati]

No hay de qué.   **Jangan sungkan.**
                                        [ʤaɲan suŋkan]

No tiene importancia.   **Jangan khawatir.**
                                        [ʤaɲan hawatir]

Felicitaciones , Mejores Deseos

¡Felicidades! **Selamat!**
[selamat!]

¡Feliz Cumpleaños! **Selamat ulang tahun!**
[selamat ulaŋ tahun!]

¡Feliz Navidad! **Selamat Natal!**
[selamat natal!]

¡Feliz Año Nuevo! **Selamat Tahun Baru!**
[selamat tahun baru!]

¡Felices Pascuas! **Selamat Paskah!**
[selamat paskah!]

¡Feliz Hanukkah! **Selamat Hanukkah!**
[selamat hanuʔkah!]

Quiero brindar. **Saya ingin bersulang.**
[saja iŋin bersulaŋ]

¡Salud! **Bersulang!**
[bersulaŋ!]

¡Brindemos por …! **Mari bersulang demi ...!**
[mari bersulaŋ demi ...!]

¡A nuestro éxito! **Demi keberhasilan kita!**
[demi keberhasilan kita!]

¡A su éxito! **Demi keberhasilan Anda!**
[demi keberhasilan anda!]

¡Suerte! **Semoga berhasil!**
[semoga berhasil!]

¡Que tenga un buen día! **Semoga hari Anda menyenangkan!**
[semoga hari anda menjenaŋkan!]

¡Que tenga unas buenas vacaciones! **Selamat berlibur!**
[selamat berlibur!]

¡Que tenga un buen viaje! **Semoga perjalanan Anda menyenangkan!**
[semoga perdʒʲalanan anda menjenaŋkan!]

¡Espero que se recupere pronto! **Semoga cepat sembuh!**
[semoga ʧepat sembuh!]

Socializarse

¿Por qué está triste? | **Mengapa Anda sedih?**
[meŋapa anda sedih?]

¡Sonría! ¡Anímese! | **Tersenyumlah! Bersemangatlah!**
[tersenyumlah! bersemaŋatlah!]

¿Está libre esta noche? | **Apa Anda punya waktu malam ini?**
[apa anda punja waktu malam ini?]

¿Puedo ofrecerle algo de beber? | **Boleh saya ambilkan Anda minuman?**
[boleh saja ambilkan anda minuman?]

¿Querría bailar conmigo? | **Maukah Anda berdansa?**
[maukah anda berdansa?]

Vamos a ir al cine. | **Mari kita ke bioskop.**
[mari kita ke bioskop]

¿Puedo invitarle a …? | **Boleh saya ajak Anda ke ...?**
[boleh saja adʒaʼ anda ke ...?]

un restaurante | **restoran**
[restoran]

el cine | **bioskop**
[bioskop]

el teatro | **teater**
[teater]

dar una vuelta | **jalan-jalan**
[dʒ'alan-dʒ'alan]

¿A qué hora? | **Jam berapa?**
[dʒ'am berapa?]

esta noche | **malam ini**
[malam ini]

a las seis | **pada pukul enam**
[pada pukul enam]

a las siete | **pada pukul tujuh**
[pada pukul tudʒ'uh]

a las ocho | **pada pukul delapan**
[pada pukul delapan]

a las nueve | **pada pukul sembilan**
[pada pukul sembilan]

¿Le gusta este lugar? | **Apa Anda suka di sini?**
[apa anda suka di sini?]

¿Está aquí con alguien? | **Apa Anda di sini bersama orang lain?**
[apa anda di sini bersama oraŋ lain?]

Estoy con mi amigo /amiga/. | **Saya bersama teman saya.**
[saja bersama teman saja]

Estoy con amigos.	**Saya bersama teman-teman saya.**
	[saja bersama teman-teman saja]
No, estoy solo /sola/.	**Tidak, saya sendirian.**
	[tida', saja sendirian]
¿Tienes novio?	**Kamu punya pacar?**
	[kamu punja patʃar?]
Tengo novio.	**Aku punya pacar.**
	[aku punja patʃar]
¿Tienes novia?	**Kamu punya pacar?**
	[kamu punja patʃar?]
Tengo novia.	**Aku punya pacar.**
	[aku punja patʃar]
¿Te puedo volver a ver?	**Bolehkah aku menemuimu lagi?**
	[bolehkah aku menemuimu lagi?]
¿Te puedo llamar?	**Bolehkah aku meneleponmu?**
	[bolehkah aku meneleponmu?]
Llámame.	**Telepon aku.**
	[telepon aku]
¿Cuál es tu número?	**Berapa nomor teleponmu?**
	[berapa nomor teleponmu?]
Te echo de menos.	**Aku merindukanmu.**
	[aku merindukanmu]
¡Qué nombre tan bonito!	**Nama Anda bagus.**
	[nama anda bagus]
Te quiero.	**Aku mencintaimu.**
	[aku mentʃintajmu]
¿Te casarías conmigo?	**Maukah kau menikah denganku?**
	[maukah kau menikah deŋanku?]
¡Está de broma!	**Anda bercanda!**
	[anda bertʃanda!]
Sólo estoy bromeando.	**Saya hanya bercanda.**
	[saja hanja bertʃanda]
¿En serio?	**Apa Anda serius?**
	[apa anda serius?]
Lo digo en serio.	**Saya serius.**
	[saja serius]
¿De verdad?	**Sungguh?!**
	[suŋguh?!]
¡Es increíble!	**Tak bisa dipercaya!**
	[tak bisa dipertʃaja!]
No le creo.	**Saya tidak percaya.**
	[saja tida' pertʃaja]
No puedo.	**Saya tidak bisa.**
	[saja tida' bisa]
No lo sé.	**Saya tidak tahu.**
	[saja tida' tahu]
No le entiendo.	**Saya tidak mengerti sikap Anda.**
	[saja tida' meŋerti sikap anda]

Váyase, por favor.

Silakan pergi saja.
[silakan pergi sadʒ'a]

¡Déjeme en paz!

Tinggalkan saya sendiri!
[tiŋgalkan saja sendiri!]

Es inaguantable.

Saya tidak tahan dengannya.
[saja tida' tahan deŋannja]

¡Es un asqueroso!

Anda menjijikkan!
[anda mendʒidʒi'kan!]

¡Llamaré a la policía!

Saya akan telepon polisi!
[saja akan telepon polisi!]

Compartir impresiones. Emociones

Me gusta.	**Saya menyukainya.** [saja menjukainja]
Muy lindo.	**Bagus sekali.** [bagus sekali]
¡Es genial!	**Hebat!** [hebat!]
No está mal.	**Lumayan.** [lumajan]
No me gusta.	**Saya tidak menyukainya.** [saja tida' menjukainja]
No está bien.	**Tidak bagus.** [tida' bagus]
Está mal.	**Jelek.** [dʒ'ele']
Está muy mal.	**Jelek sekali.** [dʒ'ele' sekali]
¡Qué asco!	**Menjijikkan.** [mendʒidʒi'kan]
Estoy feliz.	**Saya senang.** [saja senaŋ]
Estoy contento /contenta/.	**Saya puas.** [saja puas]
Estoy enamorado /enamorada/.	**Saya sedang jatuh cinta.** [saja sedaŋ dʒ'atuh tʃinta]
Estoy tranquilo.	**Saya tenang.** [saja tenaŋ]
Estoy aburrido.	**Saya bosan.** [saja bosan]
Estoy cansado /cansada/.	**Saya lelah.** [saja lelah]
Estoy triste.	**Saya sedih.** [saja sedih]
Estoy asustado.	**Saya takut.** [saja takut]
Estoy enfadado /enfadada/.	**Saya marah.** [saja marah]
Estoy preocupado /preocupada/.	**Saya khawatir.** [saja hawatir]
Estoy nervioso /nerviosa/.	**Saya gugup.** [saja gugup]

Estoy celoso /celosa/.   **Saya cemburu.**
                                        [saja tʃemburu]

Estoy sorprendido /sorprendida/.   **Saya terkejut.**
                                        [saja terkedʒʲut]

Estoy perplejo /perpleja/.   **Saya bingung.**
                                        [saja biŋuŋ]

Problemas, Accidentes

Tengo un problema.	**Saya sedang kesulitan.** [saja sedaŋ kesulitan]
Tenemos un problema.	**Kami sedang kesulitan.** [kami sedaŋ kesulitan]
Estoy perdido /perdida/.	**Saya tersesat.** [saja tersesat]
Perdi el último autobús (tren).	**Saya tertinggal bus (kereta) terakhir.** [saja tertiŋgal bus (kereta) terahir]
No me queda más dinero.	**Saya tidak punya uang lagi.** [saja tidak punja uaŋ lagi]

He perdido …	**… saya hilang.** [… saja hilaŋ]
Me han robado …	**… saya kecurian.** [… saja ketʃurian]
mi pasaporte	**paspor** [paspor]
mi cartera	**dompet** [dompet]
mis papeles	**dokumen** [dokumen]
mi billete	**tiket** [tiket]

mi dinero	**uang** [uaŋ]
mi bolso	**tas** [tas]
mi cámara	**kamera** [kamera]
mi portátil	**laptop** [laptop]
mi tableta	**komputer tablet** [komputer tablet]
mi teléfono	**ponsel** [ponsel]

¡Ayúdeme!	**Tolong!** [toloŋ!]
¿Qué pasó?	**Ada apa?** [ada apa?]
el incendio	**kebakaran** [kebakaran]

un tiroteo	**penembakan** [penembakan]
el asesinato	**pembunuhan** [pembunuhan]
una explosión	**ledakan** [ledakan]
una pelea	**perkelahian** [perkelahian]

¡Llame a la policía!	**Telepon polisi!** [telepon polisi!]
¡Más rápido, por favor!	**Cepat!** [tʃepat!]
Busco la comisaría.	**Saya sedang mencari kantor polisi.** [saja sedaŋ mentʃari kantor polisi]
Tengo que hacer una llamada.	**Saya perlu menelepon.** [saja perlu menelepon]
¿Puedo usar su teléfono?	**Bolehkah saya meminjam telepon Anda?** [bolehkah saja memindʒam telepon anda?]

Me han …	**Saya telah ...** [saja telah ...]
asaltado /asaltada/	**ditodong** [ditodoŋ]
robado /robada/	**dirampok** [dirampoʔ]
violada	**diperkosa** [diperkosa]
atacado /atacada/	**diserang** [diseraŋ]

¿Se encuentra bien?	**Anda tidak apa-apa?** [anda tidaʔ apa-apa?]
¿Ha visto quien a sido?	**Apa Anda melihat pelakunya?** [apa anda melihat pelakunja?]
¿Sería capaz de reconocer a la persona?	**Bisakah Anda mengenali pelakunya?** [bisakah anda meŋenali pelakunja?]
¿Está usted seguro?	**Anda yakin?** [anda jakin?]

Por favor, cálmese.	**Tenanglah dulu.** [tenaŋlah dulu]
¡Cálmese!	**Tenangkan diri Anda!** [tenaŋkan diri anda!]
¡No se preocupe!	**Jangan khawatir!** [dʒaŋan hawatir!]
Todo irá bien.	**Semuanya akan baik-baik saja.** [semuanja akan baiʔ-baiʔ sadʒa]
Todo está bien.	**Semuanya baik-baik saja.** [semuanja baiʔ-baiʔ sadʒa]

Venga aquí, por favor.

Kemarilah.
[kemarilah]

Tengo unas preguntas para usted.

Saya ingin menanyakan beberapa pertanyaan.
[saja iŋin menanjakan beberapa pertanja'an]

Espere un momento, por favor.

Tunggulah sebentar.
[tuŋgulah sebentar]

¿Tiene un documento de identidad?

Apa Anda punya kartu pengenal?
[apa anda punja kartu peŋenal?]

Gracias. Puede irse ahora.

Terima kasih. Anda boleh pergi sekarang.
[terima kasih. anda boleh pergi sekaraŋ]

¡Manos detrás de la cabeza!

Tangan di belakang kepala!
[taŋan di belakaŋ kepala!]

¡Está arrestado!

Anda ditangkap!
[anda ditaŋkap!]

Problemas de salud

Ayudeme, por favor.
Tolong bantu saya.
[toloŋ bantu saja]

No me encuentro bien.
Saya tidak enak badan.
[saja tida' ena' badan]

Mi marido no se encuentra bien.
Suami saya tidak enak badan.
[suami saja tida' ena' badan]

Mi hijo …
Anak laki-laki saya ...
[ana' laki-laki saja ...]

Mi padre …
Ayah saya ...
[ajah saja ...]

Mi mujer no se encuentra bien.
Istri saya tidak enak badan.
[istri saja tida' ena' badan]

Mi hija …
Anak perempuan saya ...
[ana' perempuan saja ...]

Mi madre …
Ibu saya ...
[ibu saja ...]

Me duele …
Saya ...
[saja ...]

la cabeza
sakit kepala
[sakit kepala]

la garganta
sakit tenggorokan
[sakit teŋgorokan]

el estómago
sakit perut
[sakit perut]

un diente
sakit gigi
[sakit gigi]

Estoy mareado.
Saya merasa pusing.
[saja merasa pusiŋ]

Él tiene fiebre.
Dia demam.
[dia demam]

Ella tiene fiebre.
Dia demam.
[dia demam]

No puedo respirar.
Saya tak dapat bernapas.
[saja ta' dapat bernapas]

Me ahogo.
Saya sesak napas.
[saja sesa' napas]

Tengo asma.
Saya menderita asma.
[saja menderita asma]

Tengo diabetes.
Saya menderita diabetes.
[saja menderita diabetes]

No puedo dormir.
Saya susah tidur.
[saja susah tidur]

intoxicación alimentaria
keracunan makanan
[keratʃunan makanan]

Me duele aquí.
Sakitnya di sini.
[sakitnja di sini]

¡Ayúdeme!
Tolong!
[toloŋ!]

¡Estoy aquí!
Saya di sini!
[saja di sini!]

¡Estamos aquí!
Kami di sini!
[kami di sini!]

¡Saquenme de aquí!
Keluarkan saya dari sini!
[keluarkan saja dari sini!]

Necesito un médico.
Saya perlu dokter.
[saja perlu dokter]

No me puedo mover.
Saya tak dapat bergerak.
[saja ta' dapat bergera']

No puedo mover mis piernas.
Kaki saya tak dapat digerakkan.
[kaki saja ta' dapat digera'kan]

Tengo una herida.
Saya terluka.
[saja terluka]

¿Es grave?
Apakah serius?
[apakah serius?]

Mis documentos están en mi bolsillo.
Dokumen saya ada di saku.
[dokumen saja ada di saku]

¡Cálmese!
Tenanglah dulu!
[tenaŋlah dulu!]

¿Puedo usar su teléfono?
Bolehkah saya meminjam telepon Anda?
[bolehkah saja memindʒiam telepon anda?]

¡Llame a una ambulancia!
Panggil ambulans!
[paŋgil ambulans!]

¡Es urgente!
Ini mendesak!
[ini mendesa'!]

¡Es una emergencia!
Ini darurat!
[ini darurat!]

¡Más rápido, por favor!
Cepat!
[tʃepat!]

¿Puede llamar a un médico, por favor?
Maukah Anda memanggilkan dokter?
[maukah anda memaŋgilkan dokter?]

¿Dónde está el hospital?
Di mana rumah sakitnya?
[di mana rumah sakitnja?]

¿Cómo se siente?
Bagaimana perasaan Anda?
[bagajmana perasa'an anda?]

¿Se encuentra bien?
Anda tidak apa-apa?
[anda tida' apa-apa?]

¿Qué pasó?

Ada apa?
[ada apa?]

Me encuentro mejor.

Saya merasa baikan sekarang.
[saja merasa baikan sekaraŋ]

Está bien.

Tidak apa-apa.
[tida' apa-apa]

Todo está bien.

Tidak apa-apa.
[tida' apa-apa]

En la farmacia

la farmacia	**apotek** [apote']
la farmacia 24 horas	**apotek 24 jam** [apote' dua puluh empat dʒ|am]
¿Dónde está la farmacia más cercana?	**Di mana apotek terdekat?** [di mana apote' terdekat?]
¿Está abierta ahora?	**Apa buka sekarang?** [apa buka sekaraŋ?]
¿A qué hora abre?	**Pukup berapa buka?** [pukup berapa buka?]
¿A qué hora cierra?	**Pukul berapa tutup?** [pukul berapa tutup?]
¿Está lejos?	**Apakah tempatnya jauh?** [apakah tempatnja dʒ|auh?]
¿Puedo llegar a pie?	**Bisakah saya berjalan kaki ke sana?** [bisakah saja berdʒ|alan kaki ke sana?]
¿Puede mostrarme en el mapa?	**Bisakah Anda tunjukkan di peta?** [bisakah anda tundʒ|u'kan di peta?]
Por favor, deme algo para …	**Berikan saya obat untuk ...** [berikan saja obat untu' ...]
un dolor de cabeza	**sakit kepala** [sakit kepala]
la tos	**batuk** [batu']
el resfriado	**masuk angin** [masu' aŋin]
la gripe	**flu** [flu]
la fiebre	**demam** [demam]
un dolor de estomago	**sakit perut** [sakit perut]
nauseas	**mual** [mual]
la diarrea	**diare** [diare]
el estreñimiento	**sembelit** [sembelit]
un dolor de espalda	**nyeri punggung** [njeri puŋguŋ]

un dolor de pecho	**nyeri dada** [njeri dada]
el flato	**kram perut** [kram perut]
un dolor abdominal	**nyeri perut** [njeri perut]
la píldora	**pil** [pil]
la crema	**salep, krim** [salep, krim]
el jarabe	**sirop** [sirop]
el spray	**semprot** [semprot]
las gotas	**tetes** [tetes]
Tiene que ir al hospital.	**Anda perlu ke rumah sakit.** [anda perlu ke rumah sakit]
el seguro de salud	**asuransi kesehatan** [asuransi kesehatan]
la receta	**resep** [resep]
el repelente de insectos	**obat antinyamuk** [obat antinjamu']
la curita	**plester pembalut** [plester pembalut]

Lo más imprescindible

Perdone, …	**Permisi, ...** [permisi, ...]
Hola.	**Halo.** [halo]
Gracias.	**Terima kasih.** [terima kasih]
Sí.	**Ya.** [ja]
No.	**Tidak.** [tida']
No lo sé.	**Saya tidak tahu.** [saja tida' tahu]
¿Dónde? | ¿A dónde? | ¿Cuándo?	**Di mana? | Ke mana? | Kapan?** [di mana? | ke mana? | kapan?]
Necesito …	**Saya perlu ...** [saja perlu ...]
Quiero …	**Saya ingin ...** [saja iŋin ...]
¿Tiene …?	**Apa Anda punya ...?** [apa anda punja ...?]
¿Hay … por aquí?	**Apa ada ... di sini?** [apa ada ... di sini?]
¿Puedo …?	**Boleh saya ...?** [boleh saja ...?]
…, por favor? (petición educada)	**Tolong, ...** [toloŋ, ...]
Busco …	**Saya sedang mencari ...** [saja sedaŋ mentʃari ...]
el servicio	**kamar kecil** [kamar ketʃil]
un cajero automático	**ATM** [a-te-em]
una farmacia	**apotek** [apote']
el hospital	**rumah sakit** [rumah sakit]
la comisaría	**kantor polisi** [kantor polisi]
el metro	**stasiun bawah tanah** [stasiun bawah tanah]

un taxi	**taksi** [taksi]
la estación de tren	**stasiun kereta api** [stasiun kereta api]

Me llamo …	**Nama saya ...** [nama saja ...]
¿Cómo se llama?	**Siapa nama Anda?** [siapa nama anda?]
¿Puede ayudarme, por favor?	**Bisakah Anda menolong saya?** [bisakah anda menoloŋ saja?]
Tengo un problema.	**Saya sedang kesulitan.** [saja sedaŋ kesulitan]
Me encuentro mal.	**Saya tidak enak badan.** [saja tida' enak badan]
¡Llame a una ambulancia!	**Panggil ambulans!** [paŋgil ambulans!]
¿Puedo llamar, por favor?	**Boleh saya menelepon?** [boleh saja menelepon?]

Lo siento.	**Maaf.** [ma'af]
De nada.	**Terima kasih kembali.** [terima kasih kembali]

Yo	**Saya, aku** [saja, aku]
tú	**kamu, kau** [kamu, kau]
él	**dia, ia** [dia, ia]
ella	**dia, ia** [dia, ia]
ellos	**mereka** [mereka]
ellas	**mereka** [mereka]
nosotros /nosotras/	**kami** [kami]
ustedes, vosotros	**kalian** [kalian]
usted	**Anda** [anda]

ENTRADA	**MASUK** [masu']
SALIDA	**KELUAR** [keluar]
FUERA DE SERVICIO	**TIDAK DAPAT DIGUNAKAN** [tida' dapat digunakan]
CERRADO	**TUTUP** [tutup]

ABIERTO

PARA SEÑORAS

PARA CABALLEROS

BUKA
[buka]

UNTUK PEREMPUAN
[untu' perempuan]

UNTUK LAKI-LAKI
[untu' laki-laki]

VOCABULARIO TEMÁTICO

Esta sección contiene más
de 3.000 de las palabras más
importantes. El diccionario
le proporcionará una ayuda
inestimable mientras viaja al
extranjero, porque las palabras
individuales son a menudo
suficientes para que
le entiendan.
El diccionario incluye una
transcripción adecuada
de cada palabra extranjera

T&P Books Publishing

CONTENIDO
DEL DICCIONARIO

T&P Books Publishing

T&P BOOKS

CONCEPTOS BÁSICOS

T&P Books Publishing

1. Los pronombres

yo	saya, aku	[saja], [aku]
tú	engkau, kamu	[eŋkau], [kamu]
él, ella, ello	beliau, dia, ia	[beliau], [dia], [ia]
nosotros, -as	kami, kita	[kami], [kita]
vosotros, -as	kalian	[kalian]
Usted	Anda	[anda]
Ustedes	Anda sekalian	[anda sekalian]
ellos, ellas	mereka	[mereka]

2. Saludos. Salutaciones

¡Hola! (fam.)	Halo!	[halo!]
¡Hola! (form.)	Halo!	[halo!]
¡Buenos días!	Selamat pagi!	[slamat pagi!]
¡Buenas tardes!	Selamat siang!	[slamat siaŋ!]
¡Buenas noches!	Selamat sore!	[slamat sore!]
decir hola	menyapa	[mənjapa]
¡Hola! (a un amigo)	Hai!	[hey!]
saludo (m)	sambutan, salam	[sambutan], [salam]
saludar (vt)	menyambut	[mənjambut]
¿Cómo estás?	Apa kabar?	[apa kabar?]
¿Qué hay de nuevo?	Apa yang baru?	[apa yaŋ baru?]
¡Hasta la vista! (form.)	Selamat tinggal! Selamat jalan!	[slamat tiŋgal!], [slamat dʒʲalan!]
¡Hasta la vista! (fam.)	Dadah!	[dadah!]
¡Hasta pronto!	Sampai bertemu lagi!	[sampaj bərtemu lagi!]
¡Adiós! (fam.)	Sampai jumpa!	[sampaj dʒʲumpa!]
¡Adiós! (form.)	Selamat tinggal!	[slamat tiŋgal!]
despedirse (vr)	berpamitan	[bərpamitan]
¡Hasta luego!	Sampai nanti!	[sampaj nanti!]
¡Gracias!	Terima kasih!	[tərima kasih!]
¡Muchas gracias!	Terima kasih banyak!	[tərima kasih banjaʔ!]
De nada	Kembali! Sama-sama!	[kembali!], [sama-sama!]
No hay de qué	Kembali!	[kembali!]
De nada	Kembali!	[kembali!]
¡Disculpa! ¡Disculpe!	Maaf, ...	[maʔaf, ...]
disculpar (vt)	memaafkan	[memaʔafkan]

disculparse (vr)	meminta maaf	[meminta ma'af]
Mis disculpas	Maafkan saya	[ma'afkan saja]
¡Perdóneme!	Maaf!	[ma'af!]
perdonar (vt)	memaafkan	[mema'afkan]
¡No pasa nada!	Tidak apa-apa!	[tida' apa-apa!]
por favor	tolong	[toloŋ]
¡No se le olvide!	Jangan lupa!	[dʒ¹aŋan lupa!]
¡Ciertamente!	Tentu!	[tentu!]
¡Claro que no!	Tentu tidak!	[tentu tida'!]
¡De acuerdo!	Baiklah! Baik!	[bajklah!], [baj'!]
¡Basta!	Cukuplah!	[tʃukuplah!]

3. Las preguntas

¿Quién?	Siapa?	[siapa?]
¿Qué?	Apa?	[apa?]
¿Dónde?	Di mana?	[di mana?]
¿Adónde?	Ke mana?	[ke mana?]
¿De dónde?	Dari mana?	[dari mana?]
¿Cuándo?	Kapan?	[kapan?]
¿Para qué?	Mengapa?	[məŋapa?]
¿Por qué?	Mengapa?	[məŋapa?]
¿Por qué razón?	Untuk apa?	[untu' apa?]
¿Cómo?	Bagaimana?	[bagajmana?]
¿Qué …? (~ color)	Apa? Yang mana?	[apa?], [yaŋ mana?]
¿Cuál?	Yang mana?	[yaŋ mana?]
¿A quién?	Kepada siapa? Untuk siapa?	[kepada siapa?], [untu' siapa?]
¿De quién? (~ hablan …)	Tentang siapa?	[tentaŋ siapa?]
¿De qué?	Tentang apa?	[tentaŋ apa?]
¿Con quién?	Dengan siapa?	[deŋan siapa?]
¿Cuánto?	Berapa?	[bərapa?]
¿De quién?	Milik siapa?	[mili' siapa?]

4. Las preposiciones

con … (~ algn)	dengan	[deŋan]
sin … (~ azúcar)	tanpa	[tanpa]
a … (p.ej. voy a México)	ke	[ke]
de … (hablar ~)	tentang …	[tentaŋ …]
antes de …	sebelum	[sebelum]
delante de …	di depan …	[di depan …]
debajo	di bawah	[di bawah]
sobre …, encima de …	di atas	[di atas]

en, sobre (~ la mesa)	di atas	[di atas]
de (origen)	dari	[dari]
de (fabricado de)	dari	[dari]
dentro de …	dalam	[dalam]
encima de …	melalui	[melalui]

5. Las palabras útiles. Los adverbios. Unidad 1

¿Dónde?	Di mana?	[di mana?]
aquí (adv)	di sini	[di sini]
allí (adv)	di sana	[di sana]
en alguna parte	di suatu tempat	[di suatu tempat]
en ninguna parte	tak ada di mana pun	[taʼ ada di mana pun]
junto a …	dekat	[dekat]
junto a la ventana	dekat jendela	[dekat dʒ|endela]
¿A dónde?	Ke mana?	[ke mana?]
aquí (venga ~)	ke sini	[ke sini]
allí (vendré ~)	ke sana	[ke sana]
de aquí (adv)	dari sini	[dari sini]
de allí (adv)	dari sana	[dari sana]
cerca (no lejos)	dekat	[dekat]
lejos (adv)	jauh	[dʒ|auh]
cerca de …	dekat	[dekat]
al lado (de …)	dekat	[dekat]
no lejos (adv)	tidak jauh	[tidaʼ dʒ|auh]
izquierdo (adj)	kiri	[kiri]
a la izquierda (situado ~)	di kiri	[di kiri]
a la izquierda (girar ~)	ke kiri	[ke kiri]
derecho (adj)	kanan	[kanan]
a la derecha (situado ~)	di kanan	[di kanan]
a la derecha (girar)	ke kanan	[ke kanan]
delante (yo voy ~)	di depan	[di depan]
delantero (adj)	depan	[depan]
adelante (movimiento)	ke depan	[ke depan]
detrás de …	di belakang	[di belakaŋ]
desde atrás	dari belakang	[dari belakaŋ]
atrás (da un paso ~)	mundur	[mundur]
centro (m), medio (m)	tengah	[teŋah]
en medio (adv)	di tengah	[di teŋah]

de lado (adv)	di sisi, di samping	[di sisi], [di sampiŋ]
en todas partes	di mana-mana	[di mana-mana]
alrededor (adv)	di sekitar	[di sekitar]

de dentro (adv)	dari dalam	[dari dalam]
a alguna parte	ke suatu tempat	[ke suatu tempat]
todo derecho (adv)	terus	[terus]
atrás (muévelo para ~)	kembali	[kembali]

| de alguna parte (adv) | dari mana pun | [dari mana pun] |
| no se sabe de dónde | dari suatu tempat | [dari suatu tempat] |

primero (adv)	pertama	[pərtama]
segundo (adv)	kedua	[kedua]
tercero (adv)	ketiga	[ketiga]

de súbito (adv)	tiba-tiba	[tiba-tiba]
al principio (adv)	mula-mula	[mula-mula]
por primera vez	untuk pertama kalinya	[untuʔ pərtama kalinja]
mucho tiempo antes …	jauh sebelum …	[dʒʲauh sebelum …]
de nuevo (adv)	kembali	[kembali]
para siempre (adv)	untuk selama-lamanya	[untuʔ selama-lamanja]

jamás, nunca (adv)	tidak pernah	[tidaʔ pərnah]
de nuevo (adv)	lagi, kembali	[lagi], [kembali]
ahora (adv)	sekarang	[sekaraŋ]
frecuentemente (adv)	sering, seringkali	[seriŋ], [seriŋkali]
entonces (adv)	ketika itu	[ketika itu]
urgentemente (adv)	segera	[segera]
usualmente (adv)	biasanya	[biasanja]

a propósito, …	ngomong-ngomong …	[ŋomoŋ-ŋomoŋ …]
es probable	mungkin	[muŋkin]
probablemente (adv)	mungkin	[muŋkin]
tal vez	mungkin	[muŋkin]
además …	selain itu …	[selajn itu …]
por eso …	karena itu …	[karena itu …]
a pesar de …	meskipun …	[meskipun …]
gracias a …	berkat …	[berkat …]

qué (pron)	apa	[apa]
que (conj)	bahwa	[bahwa]
algo (~ le ha pasado)	sesuatu	[sesuatu]
algo (~ así)	sesuatu	[sesuatu]
nada (f)	tidak sesuatu pun	[tidaʔ sesuatu pun]

quien	siapa	[siapa]
alguien (viene ~)	seseorang	[seseoraŋ]
alguien (¿ha llamado ~?)	seseorang	[seseoraŋ]

| nadie | tidak seorang pun | [tidaʔ seoraŋ pun] |
| a ninguna parte | tidak ke mana pun | [tidaʔ ke mana pun] |

| de nadie | tidak milik siapa pun | [tida' mili' siapa pun] |
| de alguien | milik seseorang | [mili' seseoraŋ] |

tan, tanto (adv)	sangat	[saŋat]
también (~ habla francés)	juga	[dʒʲuga]
también (p.ej. Yo ~)	juga	[dʒʲuga]

6. Las palabras útiles. Los adverbios. Unidad 2

¿Por qué?	Mengapa?	[məŋapa?]
no se sabe porqué	entah mengapa	[entah məŋapa]
porque …	karena …	[karena …]
por cualquier razón (adv)	untuk tujuan tertentu	[untu' tudʒʲuan tərtentu]

y (p.ej. uno y medio)	dan	[dan]
o (p.ej. té o café)	atau	[atau]
pero (p.ej. me gusta, ~)	tetapi, namun	[tetapi], [namun]
para (p.ej. es para ti)	untuk	[untu']

demasiado (adv)	terlalu	[tərlalu]
sólo, solamente (adv)	hanya	[hanja]
exactamente (adv)	tepat	[tepat]
unos …,	sekitar	[sekitar]
cerca de … (~ 10 kg)		

aproximadamente	kira-kira	[kira-kira]
aproximado (adj)	kira-kira	[kira-kira]
casi (adv)	hampir	[hampir]
resto (m)	selebihnya, sisanya	[selebihnja], [sisanja]

el otro (adj)	kedua	[kedua]
otro (p.ej. el otro día)	lain	[lain]
cada (adj)	setiap	[setiap]
cualquier (adj)	sebarang	[sebaraŋ]
mucho (adv)	banyak	[banja']
muchos (mucha gente)	banyak orang	[banja' oraŋ]
todos	semua	[semua]

a cambio de …	sebagai ganti …	[sebagaj ganti …]
en cambio (adv)	sebagai gantinya	[sebagaj gantinja]
a mano (hecho ~)	dengan tangan	[deŋan taŋan]
poco probable	hampir tidak	[hampir tida']

probablemente	mungkin	[muŋkin]
a propósito (adv)	sengaja	[seŋadʒʲa]
por accidente (adv)	tidak sengaja	[tida' seŋadʒʲa]

muy (adv)	sangat	[saŋat]
por ejemplo (adv)	misalnya	[misalnja]
entre (~ nosotros)	antara	[antara]

entre (~ otras cosas)	**di antara**	[di antara]
tanto (~ gente)	**banyak sekali**	[banja' sekali]
especialmente (adv)	**terutama**	[tərutama]

NÚMEROS. MISCELÁNEA

T&P Books Publishing

7. Números cardinales. Unidad 1

cero	**nol**	[nol]
uno	**satu**	[satu]
dos	**dua**	[dua]
tres	**tiga**	[tiga]
cuatro	**empat**	[empat]
cinco	**lima**	[lima]
seis	**enam**	[enam]
siete	**tujuh**	[tudʒʲuh]
ocho	**delapan**	[delapan]
nueve	**sembilan**	[sembilan]
diez	**sepuluh**	[sepuluh]
once	**sebelas**	[sebelas]
doce	**dua belas**	[dua belas]
trece	**tiga belas**	[tiga belas]
catorce	**empat belas**	[empat belas]
quince	**lima belas**	[lima belas]
dieciséis	**enam belas**	[enam belas]
diecisiete	**tujuh belas**	[tudʒʲuh belas]
dieciocho	**delapan belas**	[delapan belas]
diecinueve	**sembilan belas**	[sembilan belas]
veinte	**dua puluh**	[dua puluh]
veintiuno	**dua puluh satu**	[dua puluh satu]
veintidós	**dua puluh dua**	[dua puluh dua]
veintitrés	**dua puluh tiga**	[dua puluh tiga]
treinta	**tiga puluh**	[tiga puluh]
treinta y uno	**tiga puluh satu**	[tiga puluh satu]
treinta y dos	**tiga puluh dua**	[tiga puluh dua]
treinta y tres	**tiga puluh tiga**	[tiga puluh tiga]
cuarenta	**empat puluh**	[empat puluh]
cuarenta y uno	**empat puluh satu**	[empat puluh satu]
cuarenta y dos	**empat puluh dua**	[empat puluh dua]
cuarenta y tres	**empat puluh tiga**	[empat puluh tiga]
cincuenta	**lima puluh**	[lima puluh]
cincuenta y uno	**lima puluh satu**	[lima puluh satu]
cincuenta y dos	**lima puluh dua**	[lima puluh dua]
cincuenta y tres	**lima puluh tiga**	[lima puluh tiga]
sesenta	**enam puluh**	[enam puluh]

sesenta y uno	**enam puluh satu**	[enam puluh satu]
sesenta y dos	**enam puluh dua**	[enam puluh dua]
sesenta y tres	**enam puluh tiga**	[enam puluh tiga]
setenta	**tujuh puluh**	[tuʤʲuh puluh]
setenta y uno	**tujuh puluh satu**	[tuʤʲuh puluh satu]
setenta y dos	**tujuh puluh dua**	[tuʤʲuh puluh dua]
setenta y tres	**tujuh puluh tiga**	[tuʤʲuh puluh tiga]
ochenta	**delapan puluh**	[delapan puluh]
ochenta y uno	**delapan puluh satu**	[delapan puluh satu]
ochenta y dos	**delapan puluh dua**	[delapan puluh dua]
ochenta y tres	**delapan puluh tiga**	[delapan puluh tiga]
noventa	**sembilan puluh**	[sembilan puluh]
noventa y uno	**sembulan puluh satu**	[sembulan puluh satu]
noventa y dos	**sembilan puluh dua**	[sembilan puluh dua]
noventa y tres	**sembilan puluh tiga**	[sembilan puluh tiga]

8. Números cardinales. Unidad 2

cien	**seratus**	[seratus]
doscientos	**dua ratus**	[dua ratus]
trescientos	**tiga ratus**	[tiga ratus]
cuatrocientos	**empat ratus**	[empat ratus]
quinientos	**lima ratus**	[lima ratus]
seiscientos	**enam ratus**	[enam ratus]
setecientos	**tujuh ratus**	[tuʤʲuh ratus]
ochocientos	**delapan ratus**	[delapan ratus]
novecientos	**sembilan ratus**	[sembilan ratus]
mil	**seribu**	[seribu]
dos mil	**dua ribu**	[dua ribu]
tres mil	**tiga ribu**	[tiga ribu]
diez mil	**sepuluh ribu**	[sepuluh ribu]
cien mil	**seratus ribu**	[seratus ribu]
millón (m)	**juta**	[ʤʲuta]
mil millones	**miliar**	[miliar]

9. Números ordinales

primero (adj)	**pertama**	[pərtama]
segundo (adj)	**kedua**	[kedua]
tercero (adj)	**ketiga**	[ketiga]
cuarto (adj)	**keempat**	[keempat]
quinto (adj)	**kelima**	[kelima]
sexto (adj)	**keenam**	[keenam]

séptimo (adj)	**ketujuh**	[ketudʒiuh]
octavo (adj)	**kedelapan**	[kedelapan]
noveno (adj)	**kesembilan**	[kesembilan]
décimo (adj)	**kesepuluh**	[kesepuluh]

LOS COLORES.
LAS UNIDADES DE MEDIDA

T&P Books Publishing

color (m)	**warna**	[warna]
matiz (m)	**nuansa**	[nuansa]
tono (m)	**warna**	[warna]
arco (m) iris	**pelangi**	[pelaŋi]
blanco (adj)	**putih**	[putih]
negro (adj)	**hitam**	[hitam]
gris (adj)	**kelabu**	[kelabu]
verde (adj)	**hijau**	[hidʒʼau]
amarillo (adj)	**kuning**	[kuniŋ]
rojo (adj)	**merah**	[merah]
azul (adj)	**biru**	[biru]
azul claro (adj)	**biru muda**	[biru muda]
rosa (adj)	**pink**	[pinʔ]
naranja (adj)	**oranye, jingga**	[oranje], [dʒiŋga]
violeta (adj)	**violet, ungu muda**	[violet], [uŋu muda]
marrón (adj)	**cokelat**	[tʃokelat]
dorado (adj)	**keemasan**	[keemasan]
argentado (adj)	**keperakan**	[keperakan]
beige (adj)	**abu-abu kecokelatan**	[abu-abu ketʃokelatan]
crema (adj)	**krem**	[krem]
turquesa (adj)	**pirus**	[pirus]
rojo cereza (adj)	**merah tua**	[merah tua]
lila (adj)	**ungu**	[uŋu]
carmesí (adj)	**merah lembayung**	[merah lembajuŋ]
claro (adj)	**terang**	[teraŋ]
oscuro (adj)	**gelap**	[gelap]
vivo (adj)	**terang**	[teraŋ]
de color (lápiz ~)	**berwarna**	[bərwarna]
en colores (película ~)	**warna**	[warna]
blanco y negro (adj)	**hitam-putih**	[hitam-putih]
unicolor (adj)	**polos, satu warna**	[polos], [satu warna]
multicolor (adj)	**berwarna-warni**	[bərwarna-warni]

peso (m)	**berat**	[berat]
longitud (f)	**panjang**	[pandʒʼaŋ]

anchura (f)	lebar	[lebar]
altura (f)	ketinggian	[ketiŋgian]
profundidad (f)	kedalaman	[kedalaman]
volumen (m)	volume, isi	[volume], [isi]
área (f)	luas	[luas]

gramo (m)	gram	[gram]
miligramo (m)	miligram	[miligram]
kilogramo (m)	kilogram	[kilogram]
tonelada (f)	ton	[ton]
libra (f)	pon	[pon]
onza (f)	ons	[ons]

metro (m)	meter	[meter]
milímetro (m)	milimeter	[milimeter]
centímetro (m)	sentimeter	[sentimeter]
kilómetro (m)	kilometer	[kilometer]
milla (f)	mil	[mil]

pulgada (f)	inci	[intʃi]
pie (m)	kaki	[kaki]
yarda (f)	yard	[yard]

metro (m) cuadrado	meter persegi	[meter pərsegi]
hectárea (f)	hektar	[hektar]
litro (m)	liter	[liter]
grado (m)	derajat	[deradʒiat]
voltio (m)	volt	[volt]
amperio (m)	ampere	[ampere]
caballo (m) de fuerza	tenaga kuda	[tenaga kuda]

cantidad (f)	kuantitas	[kuantitas]
un poco de …	sedikit …	[sedikit …]
mitad (f)	setengah	[seteŋah]
docena (f)	lusin	[lusin]
pieza (f)	buah	[buah]

| dimensión (f) | ukuran | [ukuran] |
| escala (f) (del mapa) | skala | [skala] |

mínimo (adj)	minimal	[minimal]
el más pequeño (adj)	terkecil	[tərketʃil]
medio (adj)	sedang	[sedaŋ]
máximo (adj)	maksimal	[maksimal]
el más grande (adj)	terbesar	[tərbesar]

12. Contenedores

| tarro (m) de vidrio | gelas | [gelas] |
| lata (f) | kaleng | [kaleŋ] |

cubo (m)	**ember**	[ember]
barril (m)	**tong**	[toŋ]
palangana (f)	**baskom**	[baskom]
tanque (m)	**tangki**	[taŋki]
petaca (f) (de alcohol)	**pelples**	[pelples]
bidón (m) de gasolina	**jeriken**	[dʒˈeriken]
cisterna (f)	**tangki**	[taŋki]
taza (f) (mug de cerámica)	**mangkuk**	[maŋkuˀ]
taza (f) (~ de café)	**cangkir**	[tʃaŋkir]
platillo (m)	**alas cangkir**	[alas tʃaŋkir]
vaso (m) (~ de agua)	**gelas**	[gelas]
copa (f) (~ de vino)	**gelas anggur**	[gelas aŋgur]
olla (f)	**panci**	[pantʃi]
botella (f)	**botol**	[botol]
cuello (m) de botella	**leher**	[leher]
garrafa (f)	**karaf**	[karaf]
jarro (m) (~ de agua)	**kendi**	[kendi]
recipiente (m)	**wadah**	[wadah]
tarro (m)	**pot**	[pot]
florero (m)	**vas**	[vas]
frasco (m) (~ de perfume)	**botol**	[botol]
frasquito (m)	**botol kecil**	[botol ketʃil]
tubo (m)	**tabung**	[tabuŋ]
saco (m) (~ de azúcar)	**karung**	[karuŋ]
bolsa (f) (~ plástica)	**kantong**	[kantoŋ]
paquete (m) (~ de cigarrillos)	**bungkus**	[buŋkus]
caja (f)	**kotak, kardus**	[kotak], [kardus]
cajón (m) (~ de madera)	**kotak**	[kotaˀ]
cesta (f)	**bakul**	[bakul]

LOS VERBOS
MÁS IMPORTANTES

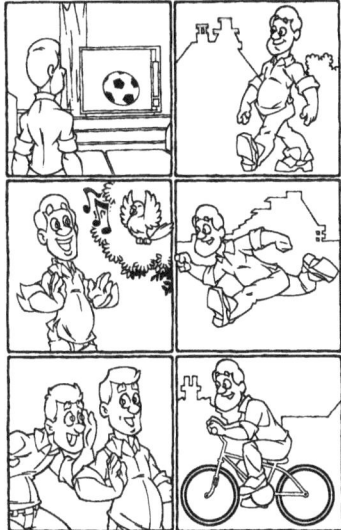

T&P Books Publishing

abrir (vt)	membuka	[membuka]
acabar, terminar (vt)	mengakhiri	[məŋahiri]
aconsejar (vt)	menasihati	[mənasihati]
adivinar (vt)	menerka	[mənerka]
advertir (vt)	memperingatkan	[memperiŋatkan]
alabarse, jactarse (vr)	membual	[membual]
almorzar (vi)	makan siang	[makan siaŋ]
alquilar (~ una casa)	menyewa	[mənjewa]
amenazar (vt)	mengancam	[mənantʃam]
arrepentirse (vr)	menyesal	[mənjesal]
ayudar (vt)	membantu	[membantu]
bañarse (vr)	berenang	[bərenaŋ]
bromear (vi)	bergurau	[bərgurau]
buscar (vt)	mencari ...	[məntʃari ...]
caer (vi)	jatuh	[dʒʲatuh]
callarse (vr)	diam	[diam]
cambiar (vt)	mengubah	[məŋubah]
castigar, punir (vt)	menghukum	[məŋhukum]
cavar (vt)	menggali	[məŋgali]
cazar (vi, vt)	berburu	[bərburu]
cenar (vi)	makan malam	[makan malam]
cesar (vt)	menghentikan	[mənhentikan]
coger (vt)	menangkap	[mənaŋkap]
comenzar (vt)	memulai, membuka	[memulaj], [membuka]
comparar (vt)	membandingkan	[membandiŋkan]
comprender (vt)	mengerti	[məŋerti]
confiar (vt)	mempercayai	[mempertʃajaj]
confundir (vt)	bingung membedakan	[biŋuŋ membedakan]
conocer (~ a alguien)	kenal	[kenal]
contar (vt) (enumerar)	menghitung	[məŋhituŋ]
contar con ...	mengharapkan ...	[məŋharapkan ...]
continuar (vt)	meneruskan	[məneruskan]
controlar (vt)	mengontrol	[məŋontrol]
correr (vi)	lari	[lari]
costar (vt)	berharga	[bərharga]
crear (vt)	menciptakan	[məntʃiptakan]

14. Los verbos más importantes. Unidad 2

dar (vt)	**memberi**	[memberi]
dar una pista	**memberi petunjuk**	[memberi petundʒ‍ʲuʔ]
decir (vt)	**berkata**	[bərkata]
decorar (para la fiesta)	**menghiasi**	[məŋhiasi]
defender (vt)	**membela**	[membela]
dejar caer	**tercecer**	[tərtʃetʃer]
desayunar (vi)	**sarapan**	[sarapan]
descender (vi)	**turun**	[turun]
dirigir (administrar)	**memimpin**	[memimpin]
disculpar (vt)	**memaafkan**	[mema'afkan]
disculparse (vr)	**meminta maaf**	[meminta ma'af]
discutir (vt)	**membicarakan**	[membitʃarakan]
dudar (vt)	**ragu-ragu**	[ragu-ragu]
encontrar (hallar)	**menemukan**	[mənemukan]
engañar (vi, vt)	**menipu**	[mənipu]
entrar (vi)	**masuk, memasuki**	[masuk], [memasuki]
enviar (vt)	**mengirim**	[məŋirim]
equivocarse (vr)	**salah**	[salah]
escoger (vt)	**memilih**	[memilih]
esconder (vt)	**menyembunyikan**	[mənjembunjikan]
escribir (vt)	**menulis**	[mənulis]
esperar (aguardar)	**menunggu**	[mənuŋgu]
esperar (tener esperanza)	**berharap**	[bərharap]
estar (vi)	**sedang**	[sedaŋ]
estar de acuerdo	**setuju**	[setudʒ‍ʲu]
estudiar (vt)	**mempelajari**	[mempeladʒ‍ʲari]
exigir (vt)	**menuntut**	[mənuntut]
existir (vi)	**ada**	[ada]
explicar (vt)	**menjelaskan**	[məndʒ‍ʲelaskan]
faltar (a las clases)	**absen**	[absen]
firmar (~ el contrato)	**menandatangani**	[mənandataŋani]
girar (~ a la izquierda)	**membelok**	[membeloʔ]
gritar (vi)	**berteriak**	[bərteriaʔ]
guardar (conservar)	**menyimpan**	[mənjimpan]
gustar (vi)	**suka**	[suka]
hablar (vi, vt)	**berbicara**	[bərbitʃara]
hacer (vt)	**membuat**	[membuat]
informar (vt)	**menginformasikan**	[məŋinformasikan]
insistir (vi)	**mendesak**	[məndesaʔ]
insultar (vt)	**menghina**	[məŋhina]
interesarse (vr)	**menaruh minat pada …**	[mənaruh minat pada …]

invitar (vt)	mengundang	[məŋundaŋ]
ir (a pie)	berjalan	[bərdʒ'alan]
jugar (divertirse)	bermain	[bərmajn]

15. Los verbos más importantes. Unidad 3

leer (vi, vt)	membaca	[membatʃa]
liberar (ciudad, etc.)	membebaskan	[membebaskan]
llamar (por ayuda)	memanggil	[memaŋgil]
llegar (vi)	datang	[dataŋ]
llorar (vi)	menangis	[mənaŋis]

matar (vt)	membunuh	[membunuh]
mencionar (vt)	menyebut	[mənjebut]
mostrar (vt)	menunjukkan	[mənundʒu'kan]
nadar (vi)	berenang	[bərenaŋ]

negarse (vr)	menolak	[mənola']
objetar (vt)	keberatan	[keberatan]
observar (vt)	mengamati	[məŋamati]
oír (vt)	mendengar	[məndeŋar]

olvidar (vt)	melupakan	[melupakan]
orar (vi)	bersembahyang, berdoa	[bərsembahjaŋ], [bərdoa]
ordenar (mil.)	memerintahkan	[memerintahkan]
pagar (vi, vt)	membayar	[membajar]
pararse (vr)	berhenti	[bərhenti]

participar (vi)	turut serta	[turut serta]
pedir (ayuda, etc.)	meminta	[meminta]
pedir (en restaurante)	memesan	[memesan]
pensar (vi, vt)	berpikir	[bərpikir]

percibir (ver)	memperhatikan	[memperhatikan]
perdonar (vt)	memaafkan	[mema'afkan]
permitir (vt)	mengizinkan	[məŋizinkan]
pertenecer a ...	kepunyaan ...	[kepunja'an ...]

planear (vt)	merencanakan	[merentʃanakan]
poder (v aux)	bisa	[bisa]
poseer (vt)	memiliki	[memiliki]
preferir (vt)	lebih suka	[lebih suka]
preguntar (vt)	bertanya	[bərtanja]

preparar (la cena)	memasak	[memasa']
prever (vt)	menduga	[mənduga]
probar, tentar (vt)	mencoba	[məntʃoba]
prometer (vt)	berjanji	[bərdʒ'andʒi]
pronunciar (vt)	melafalkan	[melafalkan]
proponer (vt)	mengusulkan	[məŋusulkan]

quebrar (vt)	memecahkan	[memetʃahkan]
quejarse (vr)	mengeluh	[məŋeluh]
querer (amar)	mencintai	[məntʃintaj]
querer (desear)	mau, ingin	[mau], [iŋin]

16. Los verbos más importantes. Unidad 4

recomendar (vt)	merekomendasi	[merekomendasi]
regañar, reprender (vt)	memarahi, menegur	[memarahi], [menegur]
reírse (vr)	tertawa	[tərtawa]
repetir (vt)	mengulangi	[məŋulaŋi]
reservar (~ una mesa)	memesan	[memesan]
responder (vi, vt)	menjawab	[məndʒawab]

robar (vt)	mencuri	[məntʃuri]
saber (~ algo mas)	tahu	[tahu]
salir (vi)	keluar	[keluar]
salvar (vt)	menyelamatkan	[mənjelamatkan]
seguir ...	mengikuti ...	[məŋikuti ...]
sentarse (vr)	duduk	[duduʔ]

ser (vi)	ialah, adalah	[ialah], [adalah]
ser necesario	dibutuhkan	[dibutuhkan]
significar (vt)	berarti	[bərarti]
sonreír (vi)	tersenyum	[tərsenyum]
sorprenderse (vr)	heran	[heran]

subestimar (vt)	meremehkan	[meremehkan]
tener (vt)	mempunyai	[mempunjaj]
tener hambre	lapar	[lapar]
tener miedo	takut	[takut]

tener prisa	tergesa-gesa	[tərgesa-gesa]
tener sed	haus	[haus]
tirar, disparar (vi)	menembak	[mənembaʔ]
tocar (con las manos)	menyentuh	[mənjentuh]
tomar (vt)	mengambil	[məŋambil]
tomar nota	mencatat	[məntʃatat]

trabajar (vi)	bekerja	[bekerdʒia]
traducir (vt)	menerjemahkan	[mənerdʒiemahkan]
unir (vt)	menyatukan	[mənjatukan]
vender (vt)	menjual	[məndʒiual]
ver (vt)	melihat	[melihat]
volar (pájaro, avión)	terbang	[tərbaŋ]

T&P BOOKS

LA HORA. EL CALENDARIO

T&P Books Publishing

lunes (m)	**Hari Senin**	[hari senin]
martes (m)	**Hari Selasa**	[hari selasa]
miércoles (m)	**Hari Rabu**	[hari rabu]
jueves (m)	**Hari Kamis**	[hari kamis]
viernes (m)	**Hari Jumat**	[hari dʒ'umat]
sábado (m)	**Hari Sabtu**	[hari sabtu]
domingo (m)	**Hari Minggu**	[hari miŋgu]
hoy (adv)	**hari ini**	[hari ini]
mañana (adv)	**besok**	[beso']
pasado mañana	**besok lusa**	[beso' lusa]
ayer (adv)	**kemarin**	[kemarin]
anteayer (adv)	**kemarin dulu**	[kemarin dulu]
día (m)	**hari**	[hari]
día (m) de trabajo	**hari kerja**	[hari kerdʒ'a]
día (m) de fiesta	**hari libur**	[hari libur]
día (m) de descanso	**hari libur**	[hari libur]
fin (m) de semana	**akhir pekan**	[ahir pekan]
todo el día	**seharian**	[seharian]
al día siguiente	**hari berikutnya**	[hari bərikutnja]
dos días atrás	**dua hari lalu**	[dua hari lalu]
en vísperas (adv)	**hari sebelumnya**	[hari sebelumnja]
diario (adj)	**harian**	[harian]
cada día (adv)	**tiap hari**	[tiap hari]
semana (f)	**minggu**	[miŋgu]
semana (f) pasada	**minggu lalu**	[miŋgu lalu]
semana (f) que viene	**minggu berikutnya**	[miŋgu bərikutnja]
semanal (adj)	**mingguan**	[miŋguan]
cada semana (adv)	**tiap minggu**	[tiap miŋgu]
2 veces por semana	**dua kali seminggu**	[dua kali semiŋgu]
todos los martes	**tiap Hari Selasa**	[tiap hari selasa]

mañana (f)	**pagi**	[pagi]
por la mañana	**pada pagi hari**	[pada pagi hari]
mediodía (m)	**tengah hari**	[teŋah hari]
por la tarde	**pada sore hari**	[pada sore hari]
noche (f)	**sore, malam**	[sore], [malam]

por la noche	**waktu sore**	[waktu sore]
noche (f) (p.ej. 2:00 a.m.)	**malam**	[malam]
por la noche	**pada malam hari**	[pada malam hari]
medianoche (f)	**tengah malam**	[teŋah malam]
segundo (m)	**detik**	[detiʔ]
minuto (m)	**menit**	[menit]
hora (f)	**jam**	[dʒʲam]
media hora (f)	**setengah jam**	[seteŋah dʒʲam]
cuarto (m) de hora	**seperempat jam**	[seperempat dʒʲam]
quince minutos	**lima belas menit**	[lima belas menit]
veinticuatro horas	**siang-malam**	[siaŋ-malam]
salida (f) del sol	**matahari terbit**	[matahari tərbit]
amanecer (m)	**subuh**	[subuh]
madrugada (f)	**dini pagi**	[dini pagi]
puesta (f) del sol	**matahari terbenam**	[matahari tərbenam]
de madrugada	**pagi-pagi**	[pagi-pagi]
esta mañana	**pagi ini**	[pagi ini]
mañana por la mañana	**besok pagi**	[besoʔ pagi]
esta tarde	**sore ini**	[sore ini]
por la tarde	**pada sore hari**	[pada sore hari]
mañana por la tarde	**besok sore**	[besoʔ sore]
esta noche (p.ej. 8:00 p.m.)	**sore ini**	[sore ini]
mañana por la noche	**besok malam**	[besoʔ malam]
a las tres en punto	**pukul 3 tepat**	[pukul tiga tepat]
a eso de las cuatro	**sekitar pukul 4**	[sekitar pukul empat]
para las doce	**pada pukul 12**	[pada pukul belas]
dentro de veinte minutos	**dalam 20 menit**	[dalam dua puluh menit]
dentro de una hora	**dalam satu jam**	[dalam satu dʒʲam]
a tiempo (adv)	**tepat waktu**	[tepat waktu]
… menos cuarto	**… kurang seperempat**	[… kuraŋ seperempat]
durante una hora	**selama sejam**	[selama sedʒʲam]
cada quince minutos	**tiap 15 menit**	[tiap lima belas menit]
día y noche	**siang-malam**	[siaŋ-malam]

19. Los meses. Las estaciones

enero (m)	**Januari**	[dʒʲanuari]
febrero (m)	**Februari**	[februari]
marzo (m)	**Maret**	[maret]
abril (m)	**April**	[april]
mayo (m)	**Mei**	[mei]

junio (m)	**Juni**	[dʒ|uni]
julio (m)	**Juli**	[dʒ|uli]
agosto (m)	**Augustus**	[augustus]
septiembre (m)	**September**	[september]
octubre (m)	**Oktober**	[oktober]
noviembre (m)	**November**	[november]
diciembre (m)	**Desember**	[desember]
primavera (f)	**musim semi**	[musim semi]
en primavera	**pada musim semi**	[pada musim semi]
de primavera (adj)	**musim semi**	[musim semi]
verano (m)	**musim panas**	[musim panas]
en verano	**pada musim panas**	[pada musim panas]
de verano (adj)	**musim panas**	[musim panas]
otoño (m)	**musim gugur**	[musim gugur]
en otoño	**pada musim gugur**	[pada musim gugur]
de otoño (adj)	**musim gugur**	[musim gugur]
invierno (m)	**musim dingin**	[musim diŋin]
en invierno	**pada musim dingin**	[pada musim diŋin]
de invierno (adj)	**musim dingin**	[musim diŋin]
mes (m)	**bulan**	[bulan]
este mes	**bulan ini**	[bulan ini]
al mes siguiente	**bulan depan**	[bulan depan]
el mes pasado	**bulan lalu**	[bulan lalu]
hace un mes	**sebulan lalu**	[sebulan lalu]
dentro de un mes	**dalam satu bulan**	[dalam satu bulan]
dentro de dos meses	**dalam 2 bulan**	[dalam dua bulan]
todo el mes	**sepanjang bulan**	[sepandʒ|aŋ bulan]
todo un mes	**sebulan penuh**	[sebulan penuh]
mensual (adj)	**bulanan**	[bulanan]
mensualmente (adv)	**tiap bulan**	[tiap bulan]
cada mes	**tiap bulan**	[tiap bulan]
dos veces por mes	**dua kali sebulan**	[dua kali sebulan]
año (m)	**tahun**	[tahun]
este año	**tahun ini**	[tahun ini]
el próximo año	**tahun depan**	[tahun depan]
el año pasado	**tahun lalu**	[tahun lalu]
hace un año	**setahun lalu**	[setahun lalu]
dentro de un año	**dalam satu tahun**	[dalam satu tahun]
dentro de dos años	**dalam 2 tahun**	[dalam dua tahun]
todo el año	**sepanjang tahun**	[sepandʒ|aŋ tahun]
todo un año	**setahun penuh**	[setahun penuh]
cada año	**tiap tahun**	[tiap tahun]
anual (adj)	**tahunan**	[tahunan]

anualmente (adv)	**tiap tahun**	[tiap tahun]
cuatro veces por año	**empat kali setahun**	[empat kali setahun]
fecha (f) (la ~ de hoy es …)	**tanggal**	[taŋgal]
fecha (f) (~ de entrega)	**tanggal**	[taŋgal]
calendario (m)	**kalender**	[kalender]
medio año (m)	**setengah tahun**	[seteŋah tahun]
seis meses	**enam bulan**	[enam bulan]
estación (f)	**musim**	[musim]
siglo (m)	**abad**	[abad]

T&P BOOKS

EL VIAJE. EL HOTEL

T&P Books Publishing

turismo (m)	pariwisata	[pariwisata]
turista (m)	turis, wisatawan	[turis], [wisatawan]
viaje (m)	pengembaraan	[peŋembara'an]
aventura (f)	petualangan	[petualaŋan]
viaje (m) (p.ej. ~ en coche)	perjalanan, lawatan	[pərdʒ'alanan], [lawatan]
vacaciones (f pl)	liburan	[liburan]
estar de vacaciones	berlibur	[bərlibur]
descanso (m)	istirahat	[istirahat]
tren (m)	kereta api	[kereta api]
en tren	naik kereta api	[nai' kereta api]
avión (m)	pesawat terbang	[pesawat tərbaŋ]
en avión	naik pesawat terbang	[nai' pesawat tərbaŋ]
en coche	naik mobil	[nai' mobil]
en barco	naik kapal	[nai' kapal]
equipaje (m)	bagasi	[bagasi]
maleta (f)	koper	[koper]
carrito (m) de equipaje	troli bagasi	[troli bagasi]
pasaporte (m)	paspor	[paspor]
visado (m)	visa	[visa]
billete (m)	tiket	[tiket]
billete (m) de avión	tiket pesawat terbang	[tiket pesawat tərbaŋ]
guía (f) (libro)	buku pedoman	[buku pedoman]
mapa (m)	peta	[peta]
área (f) (~ rural)	kawasan	[kawasan]
lugar (m)	tempat	[tempat]
exotismo (m)	keeksotisan	[keeksotisan]
exótico (adj)	eksotis	[eksotis]
asombroso (adj)	menakjubkan	[mənakdʒ'ubkan]
grupo (m)	kelompok	[kelompo']
excursión (f)	ekskursi	[ekskursi]
guía (m) (persona)	pemandu wisata	[pemandu wisata]

hotel (m), motel (m)	hotel	[hotel]
motel (m)	motel	[motel]

de tres estrellas	**bintang tiga**	[bintaŋ tiga]
de cinco estrellas	**bintang lima**	[bintaŋ lima]
hospedarse (vr)	**menginap**	[məɲinap]
habitación (f)	**kamar**	[kamar]
habitación (f) individual	**kamar tunggal**	[kamar tuŋgal]
habitación (f) doble	**kamar ganda**	[kamar ganda]
reservar una habitación	**memesan kamar**	[memesan kamar]
media pensión (f)	**sewa setengah**	[sewa seteŋah]
pensión (f) completa	**sewa penuh**	[sewa penuh]
con baño	**dengan kamar mandi**	[deŋan kamar mandi]
con ducha	**dengan pancuran**	[deŋan pantʃuran]
televisión (f) satélite	**televisi satelit**	[televisi satelit]
climatizador (m)	**penyejuk udara**	[penjedʒⁱuʔ udara]
toalla (f)	**handuk**	[handuʔ]
llave (f)	**kunci**	[kuntʃi]
administrador (m)	**administrator**	[administrator]
camarera (f)	**pelayan kamar**	[pelajan kamar]
maletero (m)	**porter**	[porter]
portero (m)	**pramupintu**	[pramupintu]
restaurante (m)	**restoran**	[restoran]
bar (m)	**bar**	[bar]
desayuno (m)	**makan pagi, sarapan**	[makan pagi], [sarapan]
cena (f)	**makan malam**	[makan malam]
buffet (m) libre	**prasmanan**	[prasmanan]
vestíbulo (m)	**lobi**	[lobi]
ascensor (m)	**elevator**	[elevator]
NO MOLESTAR	**JANGAN MENGGANGGU**	[dʒⁱaŋan məŋgaŋgu]
PROHIBIDO FUMAR	**DILARANG MEROKOK!**	[dilaraŋ merokoʔ!]

22. El turismo. La excursión

monumento (m)	**monumen, patung**	[monumen], [patuŋ]
fortaleza (f)	**benteng**	[benteŋ]
palacio (m)	**istana**	[istana]
castillo (m)	**kastil**	[kastil]
torre (f)	**menara**	[mənara]
mausoleo (m)	**mausoleum**	[mausoleum]
arquitectura (f)	**arsitektur**	[arsitektur]
medieval (adj)	**abad pertengahan**	[abad pərteŋahan]
antiguo (adj)	**kuno**	[kuno]
nacional (adj)	**nasional**	[nasional]

conocido (adj)	**terkenal**	[tərkenal]
turista (m)	**turis, wisatawan**	[turis], [wisatawan]
guía (m) (persona)	**pemandu wisata**	[pemandu wisata]
excursión (f)	**ekskursi**	[ekskursi]
mostrar (vt)	**menunjukkan**	[mənundʒʲuʔkan]
contar (una historia)	**menceritakan**	[məntʃeritakan]
encontrar (hallar)	**mendapatkan**	[məndapatkan]
perderse (vr)	**tersesat**	[tərsesat]
plano (m) (~ de metro)	**denah**	[denah]
mapa (m) (~ de la ciudad)	**peta**	[peta]
recuerdo (m)	**suvenir**	[suvenir]
tienda (f) de regalos	**toko suvenir**	[toko suvenir]
hacer fotos	**memotret**	[memotret]
fotografiarse (vr)	**berfoto**	[bərfoto]

T&P BOOKS

EL TRANSPORTE

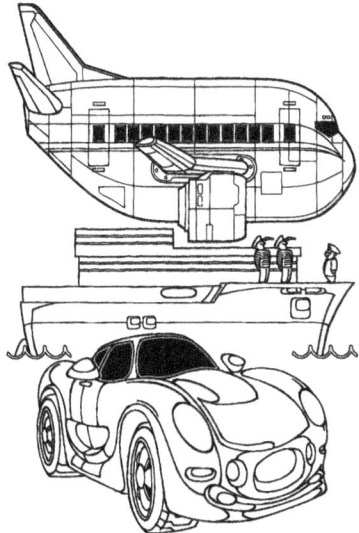

T&P Books Publishing

23. El aeropuerto

aeropuerto (m)	**bandara**	[bandara]
avión (m)	**pesawat terbang**	[pesawat tərbaŋ]
compañía (f) aérea	**maskapai penerbangan**	[maskapaj penerbaŋan]
controlador (m) aéreo	**pengawas lalu lintas udara**	[peŋawas lalu lintas udara]
despegue (m)	**keberangkatan**	[keberaŋkatan]
llegada (f)	**kedatangan**	[kedataŋan]
llegar (en avión)	**datang**	[dataŋ]
hora (f) de salida	**waktu keberangkatan**	[waktu keberaŋkatan]
hora (f) de llegada	**waktu kedatangan**	[waktu kedataŋan]
retrasarse (vr)	**terlambat**	[tərlambat]
retraso (m) de vuelo	**penundaan penerbangan**	[penunda'an penerbaŋan]
pantalla (f) de información	**papan informasi**	[papan informasi]
información (f)	**informasi**	[informasi]
anunciar (vt)	**mengumumkan**	[məŋumumkan]
vuelo (m)	**penerbangan**	[penerbaŋan]
aduana (f)	**pabean**	[pabean]
aduanero (m)	**petugas pabean**	[petugas pabean]
declaración (f) de aduana	**pernyataan pabean**	[pərnjata'an pabean]
rellenar (vt)	**mengisi**	[məŋisi]
rellenar la declaración	**mengisi formulir bea cukai**	[məŋisi formulir bea tʃukaj]
control (m) de pasaportes	**pemeriksaan paspor**	[pemeriksa'an paspor]
equipaje (m)	**bagasi**	[bagasi]
equipaje (m) de mano	**jinjingan**	[dʒindʒiŋan]
carrito (m) de equipaje	**troli bagasi**	[troli bagasi]
aterrizaje (m)	**pendaratan**	[pendaratan]
pista (f) de aterrizaje	**jalur pendaratan**	[dʒˈalur pendaratan]
aterrizar (vi)	**mendarat**	[məndarat]
escaleras (f pl) (de avión)	**tangga pesawat**	[taŋga pesawat]
facturación (f) (check-in)	**check-in**	[tʃekin]
mostrador (m) de facturación	**meja check-in**	[medʒˈa tʃekin]
hacer el check-in	**check-in**	[tʃekin]
tarjeta (f) de embarque	**kartu pas**	[kartu pas]

puerta (f) de embarque	**gerbang keberangkatan**	[gerbaŋ keberaŋkatan]
tránsito (m)	**transit**	[transit]
esperar (aguardar)	**menunggu**	[mənuŋgu]
zona (f) de preembarque	**ruang tunggu**	[ruaŋ tuŋgu]
despedir (vt)	**mengantar**	[məŋantar]
despedirse (vr)	**berpamitan**	[bərpamitan]

24. El avión

avión (m)	**pesawat terbang**	[pesawat tərbaŋ]
billete (m) de avión	**tiket pesawat terbang**	[tiket pesawat tərbaŋ]
compañía (f) aérea	**maskapai penerbangan**	[maskapaj penerbaŋan]
aeropuerto (m)	**bandara**	[bandara]
supersónico (adj)	**supersonik**	[supersoniʔ]
comandante (m)	**kapten**	[kapten]
tripulación (f)	**awak**	[awaʔ]
piloto (m)	**pilot**	[pilot]
azafata (f)	**pramugari**	[pramugari]
navegador (m)	**navigator, penavigasi**	[navigator], [penavigasi]
alas (f pl)	**sayap**	[sajap]
cola (f)	**ekor**	[ekor]
cabina (f)	**kokpit**	[kokpit]
motor (m)	**mesin**	[mesin]
tren (m) de aterrizaje	**roda pendarat**	[roda pendarat]
turbina (f)	**turbin**	[turbin]
hélice (f)	**baling-baling**	[baliŋ-baliŋ]
caja (f) negra	**kotak hitam**	[kotaʔ hitam]
timón (m)	**kemudi**	[kemudi]
combustible (m)	**bahan bakar**	[bahan bakar]
instructivo (m) de seguridad	**instruksi keselamatan**	[instruksi keselamatan]
respirador (m) de oxígeno	**masker oksigen**	[masker oksigen]
uniforme (m)	**seragam**	[seragam]
chaleco (m) salvavidas	**jaket pelampung**	[dʒʲaket pelampuŋ]
paracaídas (m)	**parasut**	[parasut]
despegue (m)	**lepas landas**	[lepas landas]
despegar (vi)	**bertolak**	[bərtolaʔ]
pista (f) de despegue	**jalur lepas landas**	[dʒʲalur lepas landas]
visibilidad (f)	**visibilitas, pandangan**	[visibilitas], [pandaŋan]
vuelo (m)	**penerbangan**	[penerbaŋan]
altura (f)	**ketinggian**	[ketiŋgian]
pozo (m) de aire	**lubang udara**	[lubaŋ udara]
asiento (m)	**tempat duduk**	[tempat duduʔ]
auriculares (m pl)	**headphone, fonkepala**	[headphone], [fonkepala]

mesita (f) plegable	meja lipat	[medʒia lipat]
ventana (f)	jendela pesawat	[dʒiendela pesawat]
pasillo (m)	lorong	[loroŋ]

25. El tren

tren (m)	kereta api	[kereta api]
tren (m) de cercanías	kereta api listrik	[kereta api listriʔ]
tren (m) rápido	kereta api cepat	[kereta api tʃepat]
locomotora (f) diésel	lokomotif diesel	[lokomotif disel]
tren (m) de vapor	lokomotif uap	[lokomotif uap]

| coche (m) | gerbong penumpang | [gerboŋ penumpaŋ] |
| coche (m) restaurante | gerbong makan | [gerboŋ makan] |

rieles (m pl)	rel	[rel]
ferrocarril (m)	rel kereta api	[rel kereta api]
traviesa (f)	bantalan rel	[bantalan rel]

plataforma (f)	platform	[platform]
vía (f)	jalur	[dʒialur]
semáforo (m)	semafor	[semafor]
estación (f)	stasiun	[stasiun]

maquinista (m)	masinis	[masinis]
maletero (m)	porter	[porter]
mozo (m) del vagón	kondektur	[kondektur]
pasajero (m)	penumpang	[penumpaŋ]
revisor (m)	kondektur	[kondektur]

| corredor (m) | koridor | [koridor] |
| freno (m) de urgencia | rem darurat | [rem darurat] |

compartimiento (m)	kabin	[kabin]
litera (f)	bangku	[baŋku]
litera (f) de arriba	bangku atas	[baŋku atas]
litera (f) de abajo	bangku bawah	[baŋku bawah]
ropa (f) de cama	kain kasur	[kain kasur]

billete (m)	tiket	[tiket]
horario (m)	jadwal	[dʒiadwal]
pantalla (f) de información	layar informasi	[lajar informasi]

partir (vi)	berangkat	[beraŋkat]
partida (f) (del tren)	keberangkatan	[keberaŋkatan]
llegar (tren)	datang	[dataŋ]
llegada (f)	kedatangan	[kedataŋan]

| llegar en tren | datang naik kereta api | [dataŋ najʔ kereta api] |
| tomar el tren | naik ke kereta | [naiʔ ke kereta] |

bajar del tren	**turun dari kereta**	[turun dari kereta]
descarrilamiento (m)	**kecelakaan kereta**	[ketʃelaka'an kereta]
descarrilarse (vr)	**keluar rel**	[keluar rel]
tren (m) de vapor	**lokomotif uap**	[lokomotif uap]
fogonero (m)	**juru api**	[dʒʲuru api]
hogar (m)	**tungku**	[tuŋku]
carbón (m)	**batu bara**	[batu bara]

26. El barco

barco, buque (m)	**kapal**	[kapal]
navío (m)	**kapal**	[kapal]
buque (m) de vapor	**kapal uap**	[kapal uap]
motonave (f)	**kapal api**	[kapal api]
trasatlántico (m)	**kapal laut**	[kapal laut]
crucero (m)	**kapal penjelajah**	[kapal pendʒʲeladʒʲah]
yate (m)	**perahu pesiar**	[pərahu pesiar]
remolcador (m)	**kapal tunda**	[kapal tunda]
barcaza (f)	**tongkang**	[toŋkaŋ]
ferry (m)	**feri**	[feri]
velero (m)	**kapal layar**	[kapal lajar]
bergantín (m)	**kapal brigantin**	[kapal brigantin]
rompehielos (m)	**kapal pemecah es**	[kapal pemetʃah es]
submarino (m)	**kapal selam**	[kapal selam]
bote (m) de remo	**perahu**	[pərahu]
bote (m)	**sekoci**	[sekotʃi]
bote (m) salvavidas	**sekoci penyelamat**	[sekotʃi penjelamat]
lancha (f) motora	**perahu motor**	[pərahu motor]
capitán (m)	**kapten**	[kapten]
marinero (m)	**kelasi**	[kelasi]
marino (m)	**pelaut**	[pelaut]
tripulación (f)	**awak**	[awa']
contramaestre (m)	**bosman, bosun**	[bosman], [bosun]
grumete (m)	**kadet laut**	[kadet laut]
cocinero (m) de abordo	**koki**	[koki]
médico (m) del buque	**dokter kapal**	[dokter kapal]
cubierta (f)	**dek**	[de']
mástil (m)	**tiang**	[tiaŋ]
vela (f)	**layar**	[lajar]
bodega (f)	**lambung kapal**	[lambuŋ kapal]
proa (f)	**haluan**	[haluan]

popa (f)	**buritan**	[buritan]
remo (m)	**dayung**	[dajuŋ]
hélice (f)	**baling-baling**	[baliŋ-baliŋ]
camarote (m)	**kabin**	[kabin]
sala (f) de oficiales	**ruang rekreasi**	[ruaŋ rekreasi]
sala (f) de máquinas	**ruang mesin**	[ruaŋ mesin]
puente (m) de mando	**anjungan kapal**	[andʒʲuŋan kapal]
sala (f) de radio	**ruang radio**	[ruaŋ radio]
onda (f)	**gelombang radio**	[gelombaŋ radio]
cuaderno (m) de bitácora	**buku harian kapal**	[buku harian kapal]
anteojo (m)	**teropong**	[təropoŋ]
campana (f)	**lonceng**	[lontʃeŋ]
bandera (f)	**bendera**	[bendera]
cabo (m) (maroma)	**tali**	[tali]
nudo (m)	**simpul**	[simpul]
pasamano (m)	**pegangan**	[pegaŋan]
pasarela (f)	**tangga kapal**	[taŋga kapal]
ancla (f)	**jangkar**	[dʒaŋkar]
levar ancla	**mengangkat jangkar**	[məŋaŋkat dʒʲaŋkar]
echar ancla	**menjatuhkan jangkar**	[məndʒʲatuhkan dʒʲaŋkar]
cadena (f) del ancla	**rantai jangkar**	[rantaj dʒʲaŋkar]
puerto (m)	**pelabuhan**	[pelabuhan]
embarcadero (m)	**dermaga**	[dermaga]
amarrar (vt)	**merapat**	[merapat]
desamarrar (vt)	**bertolak**	[bərtolaʔ]
viaje (m)	**pengembaraan**	[peŋembaraʔan]
crucero (m) (viaje)	**pesiar**	[pesiar]
derrota (f) (rumbo)	**haluan**	[haluan]
itinerario (m)	**rute**	[rute]
bajío (m)	**beting**	[betiŋ]
encallar (vi)	**kandas**	[kandas]
tempestad (f)	**badai**	[badaj]
señal (f)	**sinyal**	[sinjal]
hundirse (vr)	**tenggelam**	[teŋgelam]
¡Hombre al agua!	**Orang hanyut!**	[oraŋ hanyut!]
SOS	**SOS**	[es-o-es]
aro (m) salvavidas	**pelampung penyelamat**	[pelampuŋ penjelamat]

LA CIUDAD

T&P Books Publishing

autobús (m)	**bus**	[bus]
tranvía (m)	**trem**	[trem]
trolebús (m)	**bus listrik**	[bus listriʔ]
itinerario (m)	**trayek**	[traeʔ]
número (m)	**nomor**	[nomor]
ir en …	**naik …**	[naiʔ …]
tomar (~ el autobús)	**naik**	[naiʔ]
bajar (~ del tren)	**turun …**	[turun …]
parada (f)	**halte, pemberhentian**	[halte], [pemberhentian]
próxima parada (f)	**halte berikutnya**	[halte bərikutnja]
parada (f) final	**halte terakhir**	[halte tərahir]
horario (m)	**jadwal**	[dʒʲadwal]
esperar (aguardar)	**menunggu**	[mənuŋgu]
billete (m)	**tiket**	[tiket]
precio (m) del billete	**harga karcis**	[harga kartʃis]
cajero (m)	**kasir**	[kasir]
control (m) de billetes	**pemeriksaan tiket**	[pemeriksaʔan tiket]
revisor (m)	**kondektur**	[kondektur]
llegar tarde (vi)	**terlambat …**	[tərlambat …]
perder (~ el tren)	**ketinggalan**	[ketiŋgalan]
tener prisa	**tergesa-gesa**	[tərgesa-gesa]
taxi (m)	**taksi**	[taksi]
taxista (m)	**sopir taksi**	[sopir taksi]
en taxi	**naik taksi**	[naiʔ taksi]
parada (f) de taxi	**pangkalan taksi**	[paŋkalan taksi]
llamar un taxi	**memanggil taksi**	[memaŋgil taksi]
tomar un taxi	**menaiki taksi**	[mənajki taksi]
tráfico (m)	**lalu lintas**	[lalu lintas]
atasco (m)	**kemacetan lalu lintas**	[kematʃetan lalu lintas]
horas (f pl) de punta	**jam sibuk**	[dʒʲam sibuʔ]
aparcar (vi)	**parkir**	[parkir]
aparcar (vt)	**memarkir**	[memarkir]
aparcamiento (m)	**tempat parkir**	[tempat parkir]
metro (m)	**kereta api bawah tanah**	[kereta api bawah tanah]
estación (f)	**stasiun**	[stasiun]
ir en el metro	**naik kereta api bawah tanah**	[naiʔ kereta api bawah tanah]

| tren (m) | kereta api | [kereta api] |
| estación (f) | stasiun kereta api | [stasiun kereta api] |

28. La ciudad. La vida en la ciudad

ciudad (f)	kota	[kota]
capital (f)	ibu kota	[ibu kota]
aldea (f)	desa	[desa]

plano (m) de la ciudad	peta kota	[peta kota]
centro (m) de la ciudad	pusat kota	[pusat kota]
suburbio (m)	pinggir kota	[piŋgir kota]
suburbano (adj)	pinggir kota	[piŋgir kota]

arrabal (m)	pinggir	[piŋgir]
afueras (f pl)	daerah sekitarnya	[daerah sekitarnja]
barrio (m)	blok	[bloʔ]
zona (f) de viviendas	blok perumahan	[bloʔ pərumahan]

tráfico (m)	lalu lintas	[lalu lintas]
semáforo (m)	lampu lalu lintas	[lampu lalu lintas]
transporte (m) urbano	angkot	[aŋkot]
cruce (m)	persimpangan	[pərsimpaŋan]

| paso (m) de peatones | penyeberangan | [penjeberaŋan] |
| paso (m) subterráneo | terowongan penyeberangan | [tərowoŋan penjeberaŋan] |

cruzar (vt)	menyeberang	[mənjeberaŋ]
peatón (m)	pejalan kaki	[pedʒ'alan kaki]
acera (f)	trotoar	[trotoar]

puente (m)	jembatan	[dʒ'embatan]
muelle (m)	tepi sungai	[tepi suŋaj]
fuente (f)	air mancur	[air mantʃur]

alameda (f)	jalan kecil	[dʒ'alan ketʃil]
parque (m)	taman	[taman]
bulevar (m)	bulevar, adimarga	[bulevar], [adimarga]
plaza (f)	lapangan	[lapaŋan]
avenida (f)	jalan raya	[dʒ'alan raja]
calle (f)	jalan	[dʒ'alan]
callejón (m)	gang	[gaŋ]
callejón (m) sin salida	jalan buntu	[dʒ'alan buntu]

casa (f)	rumah	[rumah]
edificio (m)	gedung	[geduŋ]
rascacielos (m)	pencakar langit	[pentʃakar laŋit]

| fachada (f) | bagian depan | [bagian depan] |
| techo (m) | atap | [atap] |

ventana (f)	jendela	[dʒendela]
arco (m)	lengkungan	[leŋkuŋan]
columna (f)	pilar	[pilar]
esquina (f)	sudut	[sudut]
escaparate (f)	etalase	[etalase]
letrero (m) (~ luminoso)	papan nama	[papan nama]
cartel (m)	poster	[poster]
cartel (m) publicitario	poster iklan	[poster iklan]
valla (f) publicitaria	papan iklan	[papan iklan]
basura (f)	sampah	[sampah]
cajón (m) de basura	tong sampah	[toŋ sampah]
tirar basura	menyampah	[mənjampah]
basurero (m)	tempat pemrosesan akhir (TPA)	[tempat pemrosesan ahir]
cabina (f) telefónica	gardu telepon umum	[gardu telepon umum]
farola (f)	tiang lampu	[tiaŋ lampu]
banco (m) (del parque)	bangku	[baŋku]
policía (m)	polisi	[polisi]
policía (f) (~ nacional)	polisi, kepolisian	[polisi], [kepolisian]
mendigo (m)	pengemis	[peŋemis]
persona (f) sin hogar	tuna wisma	[tuna wisma]

29. Las instituciones urbanas

tienda (f)	toko	[toko]
farmacia (f)	apotek, toko obat	[apotek], [toko obat]
óptica (f)	optik	[optiʔ]
centro (m) comercial	toserba	[toserba]
supermercado (m)	pasar swalayan	[pasar swalajan]
panadería (f)	toko roti	[toko roti]
panadero (m)	pembuat roti	[pembuat roti]
pastelería (f)	toko kue	[toko kue]
tienda (f) de comestibles	toko pangan	[toko paŋan]
carnicería (f)	toko daging	[toko dagiŋ]
verdulería (f)	toko sayur	[toko sajur]
mercado (m)	pasar	[pasar]
cafetería (f)	warung kopi	[waruŋ kopi]
restaurante (m)	restoran	[restoran]
cervecería (f)	kedai bir	[kedaj bir]
pizzería (f)	kedai piza	[kedaj piza]
peluquería (f)	salon rambut	[salon rambut]
oficina (f) de correos	kantor pos	[kantor pos]

tintorería (f)	**penatu kimia**	[penatu kimia]
estudio (m) fotográfico	**studio foto**	[studio foto]
zapatería (f)	**toko sepatu**	[toko sepatu]
librería (f)	**toko buku**	[toko buku]
tienda (f) deportiva	**toko alat olahraga**	[toko alat olahraga]
arreglos (m pl) de ropa	**reparasi pakaian**	[reparasi pakajan]
alquiler (m) de ropa	**rental pakaian**	[rental pakajan]
videoclub (m)	**rental film**	[rental film]
circo (m)	**sirkus**	[sirkus]
zoológico (m)	**kebun binatang**	[kebun binataŋ]
cine (m)	**bioskop**	[bioskop]
museo (m)	**museum**	[museum]
biblioteca (f)	**perpustakaan**	[pərpustaka'an]
teatro (m)	**teater**	[teater]
ópera (f)	**opera**	[opera]
club (m) nocturno	**klub malam**	[klub malam]
casino (m)	**kasino**	[kasino]
mezquita (f)	**masjid**	[masdʒid]
sinagoga (f)	**sinagoga, kanisah**	[sinagoga], [kanisah]
catedral (f)	**katedral**	[katedral]
templo (m)	**kuil, candi**	[kuil], [tʃandi]
iglesia (f)	**gereja**	[geredʒ'a]
instituto (m)	**institut, perguruan tinggi**	[institut], [pərguruan tiŋgi]
universidad (f)	**universitas**	[universitas]
escuela (f)	**sekolah**	[sekolah]
prefectura (f)	**prefektur, distrik**	[prefektur], [distri']
alcaldía (f)	**balai kota**	[balaj kota]
hotel (m)	**hotel**	[hotel]
banco (m)	**bank**	[ban']
embajada (f)	**kedutaan besar**	[keduta'an besar]
agencia (f) de viajes	**kantor pariwisata**	[kantor pariwisata]
oficina (f) de información	**kantor penerangan**	[kantor peneraŋan]
oficina (f) de cambio	**kantor penukaran uang**	[kantor penukaran uaŋ]
metro (m)	**kereta api bawah tanah**	[kereta api bawah tanah]
hospital (m)	**rumah sakit**	[rumah sakit]
gasolinera (f)	**SPBU,**	[es-pe-be-u],
	stasiun bensin	[stasjun bensin]
aparcamiento (m)	**tempat parkir**	[tempat parkir]

30. Los avisos

letrero (m) (~ luminoso)	**papan nama**	[papan nama]
cartel (m) (texto escrito)	**tulisan**	[tulisan]
pancarta (f)	**poster**	[poster]
señal (m) de dirección	**penunjuk arah**	[penundʒ'u' arah]
flecha (f) (signo)	**anak panah**	[ana' panah]
advertencia (f)	**peringatan**	[pəriŋatan]
aviso (m)	**tanda peringatan**	[tanda pəriŋatan]
advertir (vt)	**memperingatkan**	[memperiŋatkan]
día (m) de descanso	**hari libur**	[hari libur]
horario (m)	**jadwal**	[dʒ'adwal]
horario (m) de apertura	**jam buka**	[dʒ'am buka]
¡BIENVENIDOS!	**SELAMAT DATANG!**	[selamat dataŋ!]
ENTRADA	**MASUK**	[masu']
SALIDA	**KELUAR**	[keluar]
EMPUJAR	**DORONG**	[doroŋ]
TIRAR	**TARIK**	[tari']
ABIERTO	**BUKA**	[buka]
CERRADO	**TUTUP**	[tutup]
MUJERES	**WANITA**	[wanita]
HOMBRES	**PRIA**	[pria]
REBAJAS	**DISKON**	[diskon]
SALDOS	**OBRAL**	[obral]
NOVEDAD	**BARU!**	[baru!]
GRATIS	**GRATIS**	[gratis]
¡ATENCIÓN!	**PERHATIAN!**	[pərhatian!]
COMPLETO	**PENUH**	[penuh]
RESERVADO	**DIRESERVASI**	[direservasi]
ADMINISTRACIÓN	**ADMINISTRASI**	[administrasi]
SÓLO PERSONAL AUTORIZADO	**KHUSUS STAF**	[husus staf]
CUIDADO CON EL PERRO	**AWAS, ANJING GALAK!**	[awas], [andʒiŋ gala'!]
PROHIBIDO FUMAR	**DILARANG MEROKOK!**	[dilaraŋ meroko'!]
NO TOCAR	**JANGAN SENTUH!**	[dʒ'aŋan sentuh!]
PELIGROSO	**BERBAHAYA**	[bərbahaja]
PELIGRO	**BAHAYA**	[bahaja]
ALTA TENSIÓN	**TEGANGAN TINGGI**	[tegaŋan tiŋgi]
PROHIBIDO BAÑARSE	**DILARANG BERENANG!**	[dilaraŋ bərenaŋ!]
NO FUNCIONA	**RUSAK**	[rusa']

INFLAMABLE	**BAHAN MUDAH** **TERBAKAR**	[bahan mudah tərbakar]
PROHIBIDO	**DILARANG**	[dilaraŋ]
PROHIBIDO EL PASO	**DILARANG MASUK!**	[dilaraŋ masuʔ!]
RECIÉN PINTADO	**AWAS CAT BASAH**	[awas ʧat basah]

31. Las compras

comprar (vt)	**membeli**	[membeli]
compra (f)	**belanjaan**	[belandʒʲaʼan]
hacer compras	**berbelanja**	[bərbelandʒʲa]
compras (f pl)	**berbelanja**	[bərbelandʒʲa]
estar abierto (tienda)	**buka**	[buka]
estar cerrado	**tutup**	[tutup]
calzado (m)	**sepatu**	[sepatu]
ropa (f)	**pakaian**	[pakajan]
cosméticos (m pl)	**kosmetik**	[kosmetiʔ]
productos alimenticios	**produk makanan**	[produʼ makanan]
regalo (m)	**hadiah**	[hadiah]
vendedor (m)	**pramuniaga**	[pramuniaga]
vendedora (f)	**pramuniaga perempuan**	[pramuniaga pərempuan]
caja (f)	**kas**	[kas]
espejo (m)	**cermin**	[ʧermin]
mostrador (m)	**konter**	[konter]
probador (m)	**kamar pas**	[kamar pas]
probar (un vestido)	**mengepas**	[məŋepas]
quedar (una ropa, etc.)	**pas, cocok**	[pas], [ʧoʧoʔ]
gustar (vi)	**suka**	[suka]
precio (m)	**harga**	[harga]
etiqueta (f) de precio	**label harga**	[label harga]
costar (vt)	**berharga**	[bərharga]
¿Cuánto?	**Berapa?**	[bərapa?]
descuento (m)	**diskon**	[diskon]
no costoso (adj)	**tidak mahal**	[tidaʼ mahal]
barato (adj)	**murah**	[murah]
caro (adj)	**mahal**	[mahal]
Es caro	**Ini mahal**	[ini mahal]
alquiler (m)	**rental, persewaan**	[rental], [pərsewaʼan]
alquilar (vt)	**menyewa**	[mənjewa]
crédito (m)	**kredit**	[kredit]
a crédito (adv)	**secara kredit**	[seʧara kredit]

BOOKS

LA ROPA Y LOS ACCESORIOS

T&P Books Publishing

32. La ropa exterior. Los abrigos

ropa (f)	**pakaian**	[pakajan]
ropa (f) de calle	**pakaian luar**	[pakajan luar]
ropa (f) de invierno	**pakaian musim dingin**	[pakajan musim diŋin]
abrigo (m)	**mantel**	[mantel]
abrigo (m) de piel	**mantel bulu**	[mantel bulu]
abrigo (m) corto de piel	**jaket bulu**	[dʒʲaket bulu]
chaqueta (f) plumón	**jaket bulu halus**	[dʒʲaket bulu halus]
cazadora (f)	**jaket**	[dʒʲaket]
impermeable (m)	**jas hujan**	[dʒʲas hudʒʲan]
impermeable (adj)	**kedap air**	[kedap air]

33. Ropa de hombre y mujer

camisa (f)	**kemeja**	[kemedʒʲa]
pantalones (m pl)	**celana**	[tʃelana]
jeans, vaqueros (m pl)	**celana jins**	[tʃelana dʒins]
chaqueta (f), saco (m)	**jas**	[dʒʲas]
traje (m)	**setelan**	[setelan]
vestido (m)	**gaun**	[gaun]
falda (f)	**rok**	[roʔ]
blusa (f)	**blus**	[blus]
rebeca (f), chaqueta (f) de punto	**jaket wol**	[dʒʲaket wol]
chaqueta (f)	**jaket**	[dʒʲaket]
camiseta (f) (T-shirt)	**baju kaus**	[badʒʲu kaus]
pantalones (m pl) cortos	**celana pendek**	[tʃelana pendeʔ]
traje (m) deportivo	**pakaian olahraga**	[pakajan olahraga]
bata (f) de baño	**jubah mandi**	[dʒʲubah mandi]
pijama (m)	**piyama**	[piyama]
suéter (m)	**sweter**	[sweter]
pulóver (m)	**pulover**	[pulover]
chaleco (m)	**rompi**	[rompi]
frac (m)	**jas berbuntut**	[dʒʲas berbuntut]
esmoquin (m)	**jas malam**	[dʒʲas malam]
uniforme (m)	**seragam**	[seragam]
ropa (f) de trabajo	**pakaian kerja**	[pakajan kerdʒʲa]

mono (m)	**baju monyet**	[badʒʲu monjet]
bata (f) (p. ej. ~ blanca)	**jas**	[dʒʲas]

34. La ropa. La ropa interior

ropa (f) interior	**pakaian dalam**	[pakajan dalam]
bóxer (m)	**celana dalam lelaki**	[tʃelana dalam lelaki]
bragas (f pl)	**celana dalam wanita**	[tʃelana dalam wanita]
camiseta (f) interior	**singlet**	[siŋlet]
calcetines (m pl)	**kaus kaki**	[kaus kaki]
camisón (m)	**baju tidur**	[badʒʲu tidur]
sostén (m)	**beha**	[beha]
calcetines (m pl) altos	**kaus kaki selutut**	[kaus kaki selutut]
pantimedias (f pl)	**pantihos**	[pantihos]
medias (f pl)	**kaus kaki panjang**	[kaus kaki pandʒʲaŋ]
traje (m) de baño	**baju renang**	[badʒʲu renaŋ]

35. Gorras

gorro (m)	**topi**	[topi]
sombrero (m) de fieltro	**topi bulat**	[topi bulat]
gorra (f) de béisbol	**topi bisbol**	[topi bisbol]
gorra (f) plana	**topi pet**	[topi pet]
boina (f)	**baret**	[baret]
capuchón (m)	**kerudung kepala**	[keruduŋ kepala]
panamá (m)	**topi panama**	[topi panama]
gorro (m) de punto	**topi rajut**	[topi radʒʲut]
pañuelo (m)	**tudung kepala**	[tuduŋ kepala]
sombrero (m) de mujer	**topi wanita**	[topi wanita]
casco (m) (~ protector)	**topi baja**	[topi badʒʲa]
gorro (m) de campaña	**topi lipat**	[topi lipat]
casco (m) (~ de moto)	**helm**	[helm]
bombín (m)	**topi bulat**	[topi bulat]
sombrero (m) de copa	**topi tinggi**	[topi tiŋgi]

36. El calzado

calzado (m)	**sepatu**	[sepatu]
botas (f pl)	**sepatu bot**	[sepatu bot]
zapatos (m pl)	**sepatu wanita**	[sepatu wanita]
(~ de tacón bajo)		

botas (f pl) altas	**sepatu lars**	[sepatu lars]
zapatillas (f pl)	**pantofel**	[pantofel]
tenis (m pl)	**sepatu tenis**	[sepatu tenis]
zapatillas (f pl) de lona	**sepatu kets**	[sepatu kets]
sandalias (f pl)	**sandal**	[sandal]
zapatero (m)	**tukang sepatu**	[tukaŋ sepatu]
tacón (m)	**tumit**	[tumit]
par (m)	**sepasang**	[sepasaŋ]
cordón (m)	**tali sepatu**	[tali sepatu]
encordonar (vt)	**mengikat tali**	[məŋikat tali]
calzador (m)	**sendok sepatu**	[sendo' sepatu]
betún (m)	**semir sepatu**	[semir sepatu]

37. Accesorios personales

guantes (m pl)	**sarung tangan**	[saruŋ taŋan]
manoplas (f pl)	**sarung tangan**	[saruŋ taŋan]
bufanda (f)	**selendang**	[selendaŋ]
gafas (f pl)	**kacamata**	[katʃamata]
montura (f)	**bingkai**	[biŋkaj]
paraguas (m)	**payung**	[pajuŋ]
bastón (m)	**tongkat jalan**	[toŋkat dʒˈalan]
cepillo (m) de pelo	**sikat rambut**	[sikat rambut]
abanico (m)	**kipas**	[kipas]
corbata (f)	**dasi**	[dasi]
pajarita (f)	**dasi kupu-kupu**	[dasi kupu-kupu]
tirantes (m pl)	**bretel**	[bretel]
moquero (m)	**sapu tangan**	[sapu taŋan]
peine (m)	**sisir**	[sisir]
pasador (m) de pelo	**jepit rambut**	[dʒˈepit rambut]
horquilla (f)	**harnal**	[harnal]
hebilla (f)	**gesper**	[gesper]
cinturón (m)	**sabuk**	[sabu']
correa (f) (de bolso)	**tali tas**	[tali tas]
bolsa (f)	**tas**	[tas]
bolso (m)	**tas tangan**	[tas taŋan]
mochila (f)	**ransel**	[ransel]

38. La ropa. Miscelánea

moda (f)	**mode**	[mode]
de moda (adj)	**modis**	[modis]

diseñador (m) de moda	perancang busana	[pərantʃaŋ busana]
cuello (m)	kerah	[kerah]
bolsillo (m)	saku	[saku]
de bolsillo (adj)	saku	[saku]
manga (f)	lengan	[leŋan]
presilla (f)	tali kait	[tali kait]
bragueta (f)	golbi	[golbi]

cremallera (f)	ritsleting	[ritsletiŋ]
cierre (m)	kancing	[kantʃiŋ]
botón (m)	kancing	[kantʃiŋ]
ojal (m)	lubang kancing	[lubaŋ kantʃiŋ]
saltar (un botón)	terlepas	[tərlepas]

coser (vi, vt)	menjahit	[məndʒˈahit]
bordar (vt)	membordir	[membordir]
bordado (m)	bordiran	[bordiran]
aguja (f)	jarum	[dʒˈarum]
hilo (m)	benang	[benaŋ]
costura (f)	setik	[setiʔ]

ensuciarse (vr)	kena kotor	[kena kotor]
mancha (f)	bercak	[bertʃaʔ]
arrugarse (vr)	kumal	[kumal]
rasgar (vt)	merobek	[merobeʔ]
polilla (f)	ngengat	[ŋeŋat]

39. Productos personales. Cosméticos

pasta (f) de dientes	pasta gigi	[pasta gigi]
cepillo (m) de dientes	sikat gigi	[sikat gigi]
limpiarse los dientes	menggosok gigi	[məŋgosoʔ gigi]

maquinilla (f) de afeitar	pisau cukur	[pisau tʃukur]
crema (f) de afeitar	krim cukur	[krim tʃukur]
afeitarse (vr)	bercukur	[bərtʃukur]

| jabón (m) | sabun | [sabun] |
| champú (m) | sampo | [sampo] |

tijeras (f pl)	gunting	[guntiŋ]
lima (f) de uñas	kikir kuku	[kikir kuku]
cortauñas (m pl)	pemotong kuku	[pemotoŋ kuku]
pinzas (f pl)	pinset	[pinset]

cosméticos (m pl)	kosmetik	[kosmetiʔ]
mascarilla (f)	masker	[masker]
manicura (f)	manikur	[manikur]
hacer la manicura	melakukan manikur	[melakukan manikur]
pedicura (f)	pedi	[pedi]

bolsa (f) de maquillaje	**tas kosmetik**	[tas kosmeti']
polvos (m pl)	**bedak**	[beda']
polvera (f)	**kotak bedak**	[kota' beda']
colorete (m), rubor (m)	**perona pipi**	[pərona pipi]
perfume (m)	**parfum**	[parfum]
agua (f) de tocador	**minyak wangi**	[minja' waŋi]
loción (f)	**losion**	[losjon]
agua (f) de Colonia	**kolonye**	[kolone]
sombra (f) de ojos	**pewarna mata**	[pewarna mata]
lápiz (m) de ojos	**pensil alis**	[pensil alis]
rímel (m)	**celak**	[tʃela']
pintalabios (m)	**lipstik**	[lipsti']
esmalte (m) de uñas	**kuteks, cat kuku**	[kuteks], [tʃat kuku]
fijador (m) para el pelo	**semprotan rambut**	[semprotan rambut]
desodorante (m)	**deodoran**	[deodoran]
crema (f)	**krim**	[krim]
crema (f) de belleza	**krim wajah**	[krim wadʒ'ah]
crema (f) de manos	**krim tangan**	[krim taŋan]
crema (f) antiarrugas	**krim antikerut**	[krim antikerut]
crema (f) de día	**krim siang**	[krim siaŋ]
crema (f) de noche	**krim malam**	[krim malam]
de día (adj)	**siang**	[siaŋ]
de noche (adj)	**malam**	[malam]
tampón (m)	**tampon**	[tampon]
papel (m) higiénico	**kertas toilet**	[kertas toylet]
secador (m) de pelo	**pengering rambut**	[peŋeriŋ rambut]

40. Los relojes

reloj (m)	**arloji**	[arlodʒi]
esfera (f)	**piringan jam**	[piriŋan dʒ'am]
aguja (f)	**jarum**	[dʒ'arum]
pulsera (f)	**rantai arloji**	[rantaj arlodʒi]
correa (f) (del reloj)	**tali arloji**	[tali arlodʒi]
pila (f)	**baterai**	[bateraj]
descargarse (vr)	**mati**	[mati]
cambiar la pila	**mengganti baterai**	[meŋganti bateraj]
adelantarse (vr)	**cepat**	[tʃepat]
retrasarse (vr)	**terlambat**	[terlambat]
reloj (m) de pared	**jam dinding**	[dʒ'am dindiŋ]
reloj (m) de arena	**jam pasir**	[dʒ'am pasir]
reloj (m) de sol	**jam matahari**	[dʒ'am matahari]
despertador (m)	**weker**	[weker]

relojero (m)	**tukang jam**	[tukaŋ dʒʲam]
reparar (vt)	**mereparasi,**	[mereparasi],
	memperbaiki	[memperbajki]

T&P BOOKS

LA EXPERIENCIA DIARIA

T&P Books Publishing

dinero (m)	**uang**	[uaŋ]
cambio (m)	**pertukaran mata uang**	[pərtukaran mata uaŋ]
curso (m)	**nilai tukar**	[nilaj tukar]
cajero (m) automático	**Anjungan Tunai Mandiri, ATM**	[andʒiuŋan tunaj mandiri], [a-te-em]
moneda (f)	**koin**	[koin]
dólar (m)	**dolar**	[dolar]
euro (m)	**euro**	[euro]
lira (f)	**lira**	[lira]
marco (m) alemán	**Mark Jerman**	[marʔ dʒierman]
franco (m)	**franc**	[frantʃ]
libra esterlina (f)	**poundsterling**	[paundsterliŋ]
yen (m)	**yen**	[yen]
deuda (f)	**utang**	[utaŋ]
deudor (m)	**pengutang**	[peŋutaŋ]
prestar (vt)	**meminjamkan**	[memindʒiamkan]
tomar prestado	**meminjam**	[memindʒiam]
banco (m)	**bank**	[banʔ]
cuenta (f)	**rekening**	[rekeniŋ]
ingresar (~ en la cuenta)	**memasukkan**	[memasuʔkan]
ingresar en la cuenta	**memasukkan ke rekening**	[memasuʔkan ke rekeniŋ]
sacar de la cuenta	**menarik uang**	[mənariʔ uaŋ]
tarjeta (f) de crédito	**kartu kredit**	[kartu kredit]
dinero (m) en efectivo	**uang kontan, uang tunai**	[uaŋ kontan], [uaŋ tunaj]
cheque (m)	**cek**	[tʃeʔ]
sacar un cheque	**menulis cek**	[mənulis tʃeʔ]
talonario (m)	**buku cek**	[buku tʃeʔ]
cartera (f)	**dompet**	[dompet]
monedero (m)	**dompet, pundi-pundi**	[dompet], [pundi-pundi]
caja (f) fuerte	**brankas**	[brankas]
heredero (m)	**pewaris**	[pewaris]
herencia (f)	**warisan**	[warisan]
fortuna (f)	**kekayaan**	[kekajaʔan]
arriendo (m)	**sewa**	[sewa]
alquiler (m) (dinero)	**uang sewa**	[uaŋ sewa]

alquilar (~ una casa)	menyewa	[mənjewa]
precio (m)	harga	[harga]
coste (m)	harga	[harga]
suma (f)	jumlah	[dʒʲumlah]

gastar (vt)	menghabiskan	[məŋhabiskan]
gastos (m pl)	ongkos	[oŋkos]
economizar (vi, vt)	menghemat	[məŋhemat]
económico (adj)	hemat	[hemat]

pagar (vi, vt)	membayar	[membajar]
pago (m)	pembayaran	[pembajaran]
cambio (m) (devolver el ~)	kembalian	[kembalian]

impuesto (m)	pajak	[padʒʲaʔ]
multa (f)	denda	[denda]
multar (vt)	mendenda	[məndenda]

42. La oficina de correos

oficina (f) de correos	kantor pos	[kantor pos]
correo (m) (cartas, etc.)	surat	[surat]
cartero (m)	tukang pos	[tukaŋ pos]
horario (m) de apertura	jam buka	[dʒʲam buka]

carta (f)	surat	[surat]
carta (f) certificada	surat tercatat	[surat tərtʃatat]
tarjeta (f) postal	kartu pos	[kartu pos]
telegrama (m)	telegram	[telegram]
paquete (m) postal	parsel, paket pos	[parsel], [paket pos]
giro (m) postal	wesel pos	[wesel pos]

recibir (vt)	menerima	[mənerima]
enviar (vt)	mengirim	[məŋirim]
envío (m)	pengiriman	[peŋiriman]

dirección (f)	alamat	[alamat]
código (m) postal	kode pos	[kode pos]
expedidor (m)	pengirim	[peŋirim]
destinatario (m)	penerima	[penerima]

| nombre (m) | nama | [nama] |
| apellido (m) | nama keluarga | [nama keluarga] |

tarifa (f)	tarif	[tarif]
ordinario (adj)	biasa, standar	[biasa], [standar]
económico (adj)	ekonomis	[ekonomis]

| peso (m) | berat | [berat] |
| pesar (~ una carta) | menimbang | [mənimbaŋ] |

sobre (m)	amplop	[amplop]
sello (m)	prangko	[praŋko]
poner un sello	menempelkan prangko	[mənempelkan praŋko]

43. La banca

banco (m)	bank	[banʔ]
sucursal (f)	cabang	[tʃabaŋ]
consultor (m)	konsultan	[konsultan]
gerente (m)	manajer	[manadʒʲer]
cuenta (f)	rekening	[rekeniŋ]
numero (m) de la cuenta	nomor rekening	[nomor rekeniŋ]
cuenta (f) corriente	rekening koran	[rekeniŋ koran]
cuenta (f) de ahorros	rekening simpanan	[rekeniŋ simpanan]
abrir una cuenta	membuka rekening	[membuka rekeniŋ]
cerrar la cuenta	menutup rekening	[mənutup rekeniŋ]
ingresar en la cuenta	memasukkan ke rekening	[memasuʔkan ke rekeniŋ]
sacar de la cuenta	menarik uang	[mənariʔ uaŋ]
depósito (m)	deposito	[deposito]
hacer un depósito	melakukan setoran	[melakukan setoran]
giro (m) bancario	transfer kawat	[transfer kawat]
hacer un giro	mentransfer	[məntransfer]
suma (f)	jumlah	[dʒʲumlah]
¿Cuánto?	Berapa?	[bərapa?]
firma (f) (nombre)	tanda tangan	[tanda taŋan]
firmar (vt)	menandatangani	[mənandataŋani]
tarjeta (f) de crédito	kartu kredit	[kartu kredit]
código (m)	kode	[kode]
número (m) de tarjeta de crédito	nomor kartu kredit	[nomor kartu kredit]
cajero (m) automático	Anjungan Tunai Mandiri, ATM	[andʒʲuŋan tunaj mandiri], [a-te-em]
cheque (m)	cek	[tʃeʔ]
sacar un cheque	menulis cek	[mənulis tʃeʔ]
talonario (m)	buku cek	[buku tʃeʔ]
crédito (m)	kredit, pinjaman	[kredit], [pindʒʲaman]
pedir el crédito	meminta kredit	[meminta kredit]
obtener un crédito	mendapatkan kredit	[məndapatkan kredit]
conceder un crédito	memberikan kredit	[memberikan kredit]
garantía (f)	jaminan	[dʒʲaminan]

44. El teléfono. Las conversaciones telefónicas

teléfono (m)	**telepon**	[telepon]
teléfono (m) móvil	**ponsel**	[ponsel]
contestador (m)	**mesin penjawab panggilan**	[mesin pendʒawab paŋgilan]
llamar, telefonear	**menelepon**	[mənelepon]
llamada (f)	**panggilan telepon**	[paŋgilan telepon]
marcar un número	**memutar nomor telepon**	[memutar nomor telepon]
¿Sí?, ¿Dígame?	**Halo!**	[halo!]
preguntar (vt)	**bertanya**	[bərtanja]
responder (vi, vt)	**menjawab**	[məndʒawab]
oír (vt)	**mendengar**	[məndeŋar]
bien (adv)	**baik**	[bajʔ]
mal (adv)	**buruk, jelek**	[buruk], [dʒʲeleʔ]
ruidos (m pl)	**bising, gangguan**	[bisiŋ], [gaŋguan]
auricular (m)	**gagang**	[gagaŋ]
descolgar (el teléfono)	**mengangkat telepon**	[məŋaŋkat telepon]
colgar el auricular	**menutup telepon**	[mənutup telepon]
ocupado (adj)	**sibuk**	[sibuʔ]
sonar (teléfono)	**berdering**	[bərderiŋ]
guía (f) de teléfonos	**buku telepon**	[buku telepon]
local (adj)	**lokal**	[lokal]
llamada (f) local	**panggilan lokal**	[paŋgilan lokal]
de larga distancia	**interlokal**	[interlokal]
llamada (f) de larga distancia	**panggilan interlokal**	[paŋgilan interlokal]
internacional (adj)	**internasional**	[internasional]
llamada (f) internacional	**panggilan internasional**	[paŋgilan internasional]

45. El teléfono celular

teléfono (m) móvil	**ponsel**	[ponsel]
pantalla (f)	**layar**	[lajar]
botón (m)	**kenop**	[kenop]
tarjeta SIM (f)	**kartu SIM**	[kartu sim]
pila (f)	**baterai**	[bateraj]
descargarse (vr)	**mati**	[mati]
cargador (m)	**pengisi baterai, pengecas**	[peŋisi bateraj], [peŋetʃas]
menú (m)	**menu**	[menu]
preferencias (f pl)	**penyetelan**	[penjetelan]

| melodía (f) | nada panggil | [nada paŋgil] |
| seleccionar (vt) | memilih | [memilih] |

calculadora (f)	kalkulator	[kalkulator]
contestador (m)	penjawab telepon	[pendʒawab telepon]
despertador (m)	weker	[weker]
contactos (m pl)	buku telepon	[buku telepon]

| mensaje (m) de texto | pesan singkat | [pesan siŋkat] |
| abonado (m) | pelanggan | [pelaŋgan] |

46. Los artículos de escritorio. La papelería

| bolígrafo (m) | bolpen | [bolpen] |
| pluma (f) estilográfica | pena celup | [pena tʃelup] |

lápiz (m)	pensil	[pensil]
marcador (m)	spidol	[spidol]
rotulador (m)	spidol	[spidol]

| bloc (m) de notas | buku catatan | [buku tʃatatan] |
| agenda (f) | agenda | [agenda] |

regla (f)	mistar, penggaris	[mistar], [peŋgaris]
calculadora (f)	kalkulator	[kalkulator]
goma (f) de borrar	karet penghapus	[karet peŋhapus]
chincheta (f)	paku payung	[paku pajuŋ]
clip (m)	penjepit kertas	[pendʒepit kertas]

cola (f), pegamento (m)	lem	[lem]
grapadora (f)	stapler	[stapler]
perforador (m)	alat pelubang kertas	[alat pelubaŋ kertas]
sacapuntas (m)	rautan pensil	[rautan pensil]

47. Los idiomas extranjeros

lengua (f)	bahasa	[bahasa]
extranjero (adj)	asing	[asiŋ]
lengua (f) extranjera	bahasa asing	[bahasa asiŋ]
estudiar (vt)	mempelajari	[mempeladʒari]
aprender (ingles, etc.)	belajar	[beladʒar]

leer (vi, vt)	membaca	[membatʃa]
hablar (vi, vt)	berbicara	[bərbitʃara]
comprender (vt)	mengerti	[məŋerti]
escribir (vt)	menulis	[mənulis]
rápidamente (adv)	cepat, fasih	[tʃepat], [fasih]
lentamente (adv)	perlahan-lahan	[pərlahan-lahan]

con fluidez (adv)	**fasih**	[fasih]
reglas (f pl)	**peraturan**	[pəraturan]
gramática (f)	**tatabahasa**	[tatabahasa]
vocabulario (m)	**kosakata**	[kosakata]
fonética (f)	**fonetik**	[foneti']
manual (m)	**buku pelajaran**	[buku peladʒˈaran]
diccionario (m)	**kamus**	[kamus]
manual (m) autodidáctico	**buku autodidak**	[buku autodida']
guía (f) de conversación	**panduan percakapan**	[panduan pərtʃakapan]
casete (m)	**kaset**	[kaset]
videocasete (f)	**kaset video**	[kaset video]
disco compacto, CD (m)	**cakram kompak**	[tʃakram kompa']
DVD (m)	**cakram DVD**	[tʃakram di-vi-di]
alfabeto (m)	**alfabet, abjad**	[alfabet], [abdʒˈad]
deletrear (vt)	**mengeja**	[məŋedʒˈa]
pronunciación (f)	**pelafalan**	[pelafalan]
acento (m)	**aksen**	[aksen]
con acento	**dengan aksen**	[deŋan aksen]
sin acento	**tanpa aksen**	[tanpa aksen]
palabra (f)	**kata**	[kata]
significado (m)	**arti**	[arti]
cursos (m pl)	**kursus**	[kursus]
inscribirse (vr)	**Mendaftar**	[məndaftar]
profesor (m) (~ de inglés)	**guru**	[guru]
traducción (f) (proceso)	**penerjemahan**	[penerdʒˈemahan]
traducción (f) (texto)	**terjemahan**	[tərdʒˈemahan]
traductor (m)	**penerjemah**	[penerdʒˈemah]
intérprete (m)	**juru bahasa**	[dʒˈuru bahasa]
políglota (m)	**poliglot**	[poliglot]
memoria (f)	**memori, daya ingat**	[memori], [daja iŋat]

T&P BOOKS

LAS COMIDAS. EL RESTAURANTE

T&P Books Publishing

48. Los cubiertos

cuchara (f)	sendok	[sendoʔ]
cuchillo (m)	pisau	[pisau]
tenedor (m)	garpu	[garpu]

taza (f)	cangkir	[tʃaŋkir]
plato (m)	piring	[piriŋ]
platillo (m)	alas cangkir	[alas tʃaŋkir]

| servilleta (f) | serbet | [serbet] |
| mondadientes (m) | tusuk gigi | [tusuʔ gigi] |

49. El restaurante

| restaurante (m) | restoran | [restoran] |
| cafetería (f) | warung kopi | [waruŋ kopi] |

| bar (m) | bar | [bar] |
| salón (m) de té | warung teh | [waruŋ teh] |

camarero (m)	pelayan lelaki	[pelajan lelaki]
camarera (f)	pelayan perempuan	[pelajan pərempuan]
barman (m)	pelayan bar	[pelajan bar]

carta (f), menú (m)	menu	[menu]
carta (f) de vinos	daftar anggur	[daftar aŋgur]
reservar una mesa	memesan meja	[memesan medʒʲa]

plato (m)	masakan, hidangan	[masakan], [hidaŋan]
pedir (vt)	memesan	[memesan]
hacer un pedido	memesan	[memesan]

aperitivo (m)	aperitif	[aperitif]
entremés (m)	makanan ringan	[makanan riŋan]
postre (m)	hidangan penutup	[hidaŋan penutup]

| cuenta (f) | bon | [bon] |
| pagar la cuenta | membayar bon | [membajar bon] |

| dar la vuelta | memberikan uang kembalian | [memberikan uaŋ kembalian] |
| propina (f) | tip | [tip] |

50. Las comidas

comida (f)	makanan	[makanan]
comer (vi, vt)	makan	[makan]
desayuno (m)	makan pagi, sarapan	[makan pagi], [sarapan]
desayunar (vi)	sarapan	[sarapan]
almuerzo (m)	makan siang	[makan siaŋ]
almorzar (vi)	makan siang	[makan siaŋ]
cena (f)	makan malam	[makan malam]
cenar (vi)	makan malam	[makan malam]
apetito (m)	nafsu makan	[nafsu makan]
¡Que aproveche!	Selamat makan!	[selamat makan!]
abrir (vt)	membuka	[membuka]
derramar (líquido)	menumpahkan	[mənumpahkan]
hervir (vi)	mendidih	[məndidih]
hervir (vt)	mendidihkan	[məndidihkan]
hervido (agua ~a)	masak	[masaʔ]
enfriar (vt)	mendinginkan	[məndiŋinkan]
enfriarse (vr)	mendingin	[məndiŋin]
sabor (m)	rasa	[rasa]
regusto (m)	nuansa rasa	[nuansa rasa]
adelgazar (vi)	berdiet	[berdiet]
dieta (f)	diet, pola makan	[diet], [pola makan]
vitamina (f)	vitamin	[vitamin]
caloría (f)	kalori	[kalori]
vegetariano (m)	vegetarian	[vegetarian]
vegetariano (adj)	vegetarian	[vegetarian]
grasas (f pl)	lemak	[lemaʔ]
proteínas (f pl)	protein	[protein]
carbohidratos (m pl)	karbohidrat	[karbohidrat]
loncha (f)	irisan	[irisan]
pedazo (m)	potongan	[potoŋan]
miga (f)	remah	[remah]

51. Los platos

plato (m)	masakan, hidangan	[masakan], [hidaŋan]
cocina (f)	masakan	[masakan]
receta (f)	resep	[resep]
porción (f)	porsi	[porsi]
ensalada (f)	salada	[salada]

sopa (f)	**sup**	[sup]
caldo (m)	**kaldu**	[kaldu]
bocadillo (m)	**roti lapis**	[roti lapis]
huevos (m pl) fritos	**telur mata sapi**	[telur mata sapi]
hamburguesa (f)	**hamburger**	[hamburger]
bistec (m)	**bistik**	[bistiʔ]
guarnición (f)	**lauk**	[lauʔ]
espagueti (m)	**spageti**	[spageti]
puré (m) de patatas	**kentang tumbuk**	[kentaŋ tumbuʔ]
pizza (f)	**piza**	[piza]
gachas (f pl)	**bubur**	[bubur]
tortilla (f) francesa	**telur dadar**	[telur dadar]
cocido en agua (adj)	**rebus**	[rebus]
ahumado (adj)	**asap**	[asap]
frito (adj)	**goreng**	[goreŋ]
seco (adj)	**kering**	[keriŋ]
congelado (adj)	**beku**	[beku]
marinado (adj)	**marinade**	[marinade]
azucarado, dulce (adj)	**manis**	[manis]
salado (adj)	**asin**	[asin]
frío (adj)	**dingin**	[diŋin]
caliente (adj)	**panas**	[panas]
amargo (adj)	**pahit**	[pahit]
sabroso (adj)	**enak**	[enaʔ]
cocer en agua	**merebus**	[merebus]
preparar (la cena)	**memasak**	[memasaʔ]
freír (vt)	**menggoreng**	[meŋgoreŋ]
calentar (vt)	**memanaskan**	[memanaskan]
salar (vt)	**menggarami**	[meŋgarami]
poner pimienta	**membubuh merica**	[membubuh meritʃa]
rallar (vt)	**memarut**	[memarut]
piel (f)	**kulit**	[kulit]
pelar (vt)	**mengupas**	[meŋupas]

52. La comida

carne (f)	**daging**	[dagiŋ]
gallina (f)	**ayam**	[ajam]
pollo (m)	**anak ayam**	[anaʼ ajam]
pato (m)	**bebek**	[bebeʔ]
ganso (m)	**angsa**	[aŋsa]
caza (f) menor	**binatang buruan**	[binataŋ buruan]
pava (f)	**kalkun**	[kalkun]
carne (f) de cerdo	**daging babi**	[dagiŋ babi]

carne (f) de ternera	**daging anak sapi**	[dagiŋ ana' sapi]
carne (f) de carnero	**daging domba**	[dagiŋ domba]
carne (f) de vaca	**daging sapi**	[dagiŋ sapi]
conejo (m)	**kelinci**	[kelintʃi]
salchichón (m)	**sosis**	[sosis]
salchicha (f)	**sosis**	[sosis]
beicon (m)	**bakon**	[beykon]
jamón (m)	**ham, daging kornet**	[ham], [dagiŋ kornet]
jamón (m) fresco	**ham**	[ham]
paté (m)	**pasta**	[pasta]
hígado (m)	**hati**	[hati]
carne (f) picada	**daging giling**	[dagiŋ giliŋ]
lengua (f)	**lidah**	[lidah]
huevo (m)	**telur**	[telur]
huevos (m pl)	**telur**	[telur]
clara (f)	**putih telur**	[putih telur]
yema (f)	**kuning telur**	[kuniŋ telur]
pescado (m)	**ikan**	[ikan]
mariscos (m pl)	**makanan laut**	[makanan laut]
crustáceos (m pl)	**krustasea**	[krustasea]
caviar (m)	**caviar**	[kaviar]
cangrejo (m) de mar	**kepiting**	[kepitiŋ]
camarón (m)	**udang**	[udaŋ]
ostra (f)	**tiram**	[tiram]
langosta (f)	**lobster berduri**	[lobster bərduri]
pulpo (m)	**gurita**	[gurita]
calamar (m)	**cumi-cumi**	[tʃumi-tʃumi]
esturión (m)	**ikan sturgeon**	[ikan sturdʒʲen]
salmón (m)	**salmon**	[salmon]
fletán (m)	**ikan turbot**	[ikan turbot]
bacalao (m)	**ikan kod**	[ikan kod]
caballa (f)	**ikan kembung**	[ikan kembuŋ]
atún (m)	**tuna**	[tuna]
anguila (f)	**belut**	[belut]
trucha (f)	**ikan forel**	[ikan forel]
sardina (f)	**sarden**	[sarden]
lucio (m)	**ikan pike**	[ikan paik]
arenque (m)	**ikan haring**	[ikan hariŋ]
pan (m)	**roti**	[roti]
queso (m)	**keju**	[kedʒʲu]
azúcar (m)	**gula**	[gula]
sal (f)	**garam**	[garam]
arroz (m)	**beras, nasi**	[beras], [nasi]

macarrones (m pl)	makaroni	[makaroni]
tallarines (m pl)	mi	[mi]
mantequilla (f)	mentega	[məntega]
aceite (m) vegetal	minyak nabati	[minjaʔ nabati]
aceite (m) de girasol	minyak bunga matahari	[minjaʔ buɲa matahari]
margarina (f)	margarin	[margarin]
olivas, aceitunas (f pl)	buah zaitun	[buah zajtun]
aceite (m) de oliva	minyak zaitun	[minjaʔ zajtun]
leche (f)	susu	[susu]
leche (f) condensada	susu kental	[susu kental]
yogur (m)	yogurt	[yogurt]
nata (f) agria	krim asam	[krim asam]
nata (f) líquida	krim, kepala susu	[krim], [kepala susu]
mayonesa (f)	mayones	[majones]
crema (f) de mantequilla	krim	[krim]
cereales (m pl) integrales	menir	[menir]
harina (f)	tepung	[tepuŋ]
conservas (f pl)	makanan kalengan	[makanan kaleɲan]
copos (m pl) de maíz	emping jagung	[empiŋ dʒˈagun]
miel (f)	madu	[madu]
confitura (f)	selai	[selaj]
chicle (m)	permen karet	[pərmen karet]

53. Las bebidas

agua (f)	air	[air]
agua (f) potable	air minum	[air minum]
agua (f) mineral	air mineral	[air mineral]
sin gas	tanpa gas	[tanpa gas]
gaseoso (adj)	berkarbonasi	[bərkarbonasi]
con gas	bergas	[bərgas]
hielo (m)	es	[es]
con hielo	dengan es	[deɲan es]
sin alcohol	tanpa alkohol	[tanpa alkohol]
bebida (f) sin alcohol	minuman ringan	[minuman riɲan]
refresco (m)	minuman penygar	[minuman penigar]
limonada (f)	limun	[limun]
bebidas (f pl) alcohólicas	minoman beralkohol	[minoman bəralkohol]
vino (m)	anggur	[aŋgur]
vino (m) blanco	anggur putih	[aŋgur putih]
vino (m) tinto	anggur merah	[aŋgur merah]

licor (m)	likeur	[likeur]
champaña (f)	sampanye	[sampanje]
vermú (m)	vermouth	[vermut]

whisky (m)	wiski	[wiski]
vodka (m)	vodka	[vodka]
ginebra (f)	jin, jenewer	[dʒin], [dʒʲenewer]
coñac (m)	konyak	[konjaʔ]
ron (m)	rum	[rum]

café (m)	kopi	[kopi]
café (m) solo	kopi pahit	[kopi pahit]
café (m) con leche	kopi susu	[kopi susu]
capuchino (m)	cappuccino	[kaputʃino]
café (m) soluble	kopi instan	[kopi instan]

leche (f)	susu	[susu]
cóctel (m)	koktail	[koktajl]
batido (m)	susu kocok	[susu kotʃoʔ]

zumo (m), jugo (m)	jus	[dʒus]
jugo (m) de tomate	jus tomat	[dʒʲus tomat]
zumo (m) de naranja	jus jeruk	[dʒʲus dʒʲeruʔ]
zumo (m) fresco	jus peras	[dʒʲus pəras]

cerveza (f)	bir	[bir]
cerveza (f) rubia	bir putih	[bir putih]
cerveza (f) negra	bir hitam	[bir hitam]

té (m)	teh	[teh]
té (m) negro	teh hitam	[teh hitam]
té (m) verde	teh hijau	[teh hidʒʲau]

54. Las verduras

| legumbres (f pl) | sayuran | [sajuran] |
| verduras (f pl) | sayuran hijau | [sajuran hidʒʲau] |

tomate (m)	tomat	[tomat]
pepino (m)	mentimun, ketimun	[məntimun], [ketimun]
zanahoria (f)	wortel	[wortel]
patata (f)	kentang	[kentaŋ]
cebolla (f)	bawang	[bawaŋ]
ajo (m)	bawang putih	[bawaŋ putih]

col (f)	kol	[kol]
coliflor (f)	kembang kol	[kembaŋ kol]
col (f) de Bruselas	kol Brussels	[kol brusels]
brócoli (m)	brokoli	[brokoli]
remolacha (f)	ubi bit merah	[ubi bit merah]

berenjena (f)	terung, terong	[teruŋ], [təroŋ]
calabacín (m)	labu siam	[labu siam]
calabaza (f)	labu	[labu]
nabo (m)	turnip	[turnip]

perejil (m)	peterseli	[peterseli]
eneldo (m)	adas sowa	[adas sowa]
lechuga (f)	selada	[selada]
apio (m)	seledri	[seledri]
espárrago (m)	asparagus	[asparagus]
espinaca (f)	bayam	[bajam]

guisante (m)	kacang polong	[katʃaŋ poloŋ]
habas (f pl)	kacang-kacangan	[katʃaŋ-katʃaŋan]
maíz (m)	jagung	[dʒˈagun]
fréjol (m)	kacang buncis	[katʃaŋ buntʃis]

pimiento (m) dulce	cabai	[tʃabaj]
rábano (m)	radis	[radis]
alcachofa (f)	artisyok	[artiʃoʔ]

55. Las frutas. Las nueces

fruto (m)	buah	[buah]
manzana (f)	apel	[apel]
pera (f)	pir	[pir]
limón (m)	jeruk sitrun	[dʒˈeruʔ sitrun]
naranja (f)	jeruk manis	[dʒˈeruʔ manis]
fresa (f)	stroberi	[stroberi]

mandarina (f)	jeruk mandarin	[dʒˈeruʔ mandarin]
ciruela (f)	plum	[plum]
melocotón (m)	persik	[persiʔ]
albaricoque (m)	aprikot	[aprikot]
frambuesa (f)	buah frambus	[buah frambus]
piña (f)	nanas	[nanas]

banana (f)	pisang	[pisaŋ]
sandía (f)	semangka	[semaŋka]
uva (f)	buah anggur	[buah aŋgur]
guinda (f)	buah ceri asam	[buah tʃeri asam]
cereza (f)	buah ceri manis	[buah tʃeri manis]
melón (m)	melon	[melon]

pomelo (m)	jeruk Bali	[dʒˈeruʔ bali]
aguacate (m)	avokad	[avokad]
papaya (f)	pepaya	[pepaja]
mango (m)	mangga	[maŋga]
granada (f)	buah delima	[buah delima]
grosella (f) roja	redcurrant	[redkaren]

grosella (f) negra	blackcurrant	[ble'karen]
grosella (f) espinosa	buah arbei hijau	[buah arbei hidʒi̯au]
arándano (m)	buah bilberi	[buah bilberi]
zarzamoras (f pl)	beri hitam	[beri hitam]

pasas (f pl)	kismis	[kismis]
higo (m)	buah ara	[buah ara]
dátil (m)	buah kurma	[buah kurma]

cacahuete (m)	kacang tanah	[katʃaŋ tanah]
almendra (f)	badam	[badam]
nuez (f)	buah walnut	[buah walnut]
avellana (f)	kacang hazel	[katʃaŋ hazel]
nuez (f) de coco	buah kelapa	[buah kelapa]
pistachos (m pl)	badam hijau	[badam hidʒi̯au]

56. El pan. Los dulces

pasteles (m pl)	kue-mue	[kue-mue]
pan (m)	roti	[roti]
galletas (f pl)	biskuit	[biskuit]

chocolate (m)	cokelat	[tʃokelat]
de chocolate (adj)	cokelat	[tʃokelat]
caramelo (m)	permen	[pərmen]
tarta (f) (pequeña)	kue	[kue]
tarta (f) (~ de cumpleaños)	kue tar	[kue tar]

| tarta (f) (~ de manzana) | pai | [pai] |
| relleno (m) | inti | [inti] |

confitura (f)	selai buah utuh	[selaj buah utuh]
mermelada (f)	marmelade	[marmelade]
gofre (m)	wafel	[wafel]
helado (m)	es krim	[es krim]
pudin (m)	puding	[pudiŋ]

57. Las especias

sal (f)	garam	[garam]
salado (adj)	asin	[asin]
salar (vt)	menggarami	[məŋgarami]

pimienta (f) negra	merica	[meritʃa]
pimienta (f) roja	cabai merah	[tʃabaj merah]
mostaza (f)	mustar	[mustar]
rábano (m) picante	lobak pedas	[loba' pedas]
condimento (m)	bumbu	[bumbu]

especia (f)	rempah-rempah	[rempah-rempah]
salsa (f)	saus	[saus]
vinagre (m)	cuka	[ʧuka]

anís (m)	adas manis	[adas manis]
albahaca (f)	selasih	[selasih]
clavo (m)	cengkih	[ʧeŋkih]
jengibre (m)	jahe	[dʒʲahe]
cilantro (m)	ketumbar	[ketumbar]
canela (f)	kayu manis	[kaju manis]

sésamo (m)	wijen	[widʒʲen]
hoja (f) de laurel	daun salam	[daun salam]
paprika (f)	cabai	[ʧabaj]
comino (m)	jintan	[dʒintan]
azafrán (m)	kuma-kuma	[kuma-kuma]

LA INFORMACIÓN
PERSONAL. LA FAMILIA

T&P Books Publishing

58. La información personal. Los formularios

nombre (m)	**nama, nama depan**	[nama], [nama depan]
apellido (m)	**nama keluarga**	[nama keluarga]
fecha (f) de nacimiento	**tanggal lahir**	[taŋgal lahir]
lugar (m) de nacimiento	**tempat lahir**	[tempat lahir]
nacionalidad (f)	**kebangsaan**	[kebaŋsa'an]
domicilio (m)	**tempat tinggal**	[tempat tiŋgal]
país (m)	**negara, negeri**	[negara], [negeri]
profesión (f)	**profesi**	[profesi]
sexo (m)	**jenis kelamin**	[dʒenis kelamin]
estatura (f)	**tinggi badan**	[tiŋgi badan]
peso (m)	**berat**	[berat]

59. Los familiares. Los parientes

madre (f)	**ibu**	[ibu]
padre (m)	**ayah**	[ajah]
hijo (m)	**anak lelaki**	[ana' lelaki]
hija (f)	**anak perempuan**	[ana' pərempuan]
hija (f) menor	**anak perempuan bungsu**	[ana' pərempuan buŋsu]
hijo (m) menor	**anak lelaki bungsu**	[ana' lelaki buŋsu]
hija (f) mayor	**anak perempuan sulung**	[ana' pərempuan suluŋ]
hijo (m) mayor	**anak lelaki sulung**	[ana' lelaki suluŋ]
hermano (m)	**saudara lelaki**	[saudara lelaki]
hermano (m) mayor	**kakak lelaki**	[kaka' lelaki]
hermano (m) menor	**adik lelaki**	[adi' lelaki]
hermana (f)	**saudara perempuan**	[saudara pərempuan]
hermana (f) mayor	**kakak perempuan**	[kaka' pərempuan]
hermana (f) menor	**adik perempuan**	[adi' pərempuan]
primo (m)	**sepupu lelaki**	[sepupu lelaki]
prima (f)	**sepupu perempuan**	[sepupu pərempuan]
mamá (f)	**mama, ibu**	[mama], [ibu]
papá (m)	**papa, ayah**	[papa], [ajah]
padres (pl)	**orang tua**	[oraŋ tua]
niño -a (m, f)	**anak**	[ana']
niños (pl)	**anak-anak**	[ana'-ana']
abuela (f)	**nenek**	[nene']

abuelo (m)	kakek	[kake']
nieto (m)	cucu laki-laki	[tʃutʃu laki-laki]
nieta (f)	cucu perempuan	[tʃutʃu pərempuan]
nietos (pl)	cucu	[tʃutʃu]

tío (m)	paman	[paman]
tía (f)	bibi	[bibi]
sobrino (m)	keponakan laki-laki	[keponakan laki-laki]
sobrina (f)	keponakan perempuan	[keponakan pərempuan]

suegra (f)	ibu mertua	[ibu mertua]
suegro (m)	ayah mertua	[ajah mertua]
yerno (m)	menantu laki-laki	[mənantu laki-laki]
madrastra (f)	ibu tiri	[ibu tiri]
padrastro (m)	ayah tiri	[ajah tiri]

niño (m) de pecho	bayi	[baji]
bebé (m)	bayi	[baji]
chico (m)	bocah cilik	[botʃah tʃili']

mujer (f)	istri	[istri]
marido (m)	suami	[suami]
esposo (m)	suami	[suami]
esposa (f)	istri	[istri]

casado (adj)	menikah, beristri	[mənikah], [bəristri]
casada (adj)	menikah, bersuami	[mənikah], [bərsuami]
soltero (adj)	bujang	[budʒʲaŋ]
soltero (m)	bujang	[budʒʲaŋ]
divorciado (adj)	bercerai	[bərtʃeraj]
viuda (f)	janda	[dʒʲanda]
viudo (m)	duda	[duda]

pariente (m)	kerabat	[kerabat]
pariente (m) cercano	kerabat dekat	[kerabat dekat]
pariente (m) lejano	kerabat jauh	[kerabat dʒʲauh]
parientes (pl)	kerabat, sanak saudara	[kerabat], [sana' saudara]

huérfano (m), huérfana (f)	yatim piatu	[yatim piatu]
tutor (m)	wali	[wali]
adoptar (un niño)	mengadopsi	[məŋadopsi]
adoptar (una niña)	mengadopsi	[məŋadopsi]

60. Los amigos. Los compañeros del trabajo

amigo (m)	sahabat	[sahabat]
amiga (f)	sahabat	[sahabat]
amistad (f)	persahabatan	[pərsahabatan]
ser amigo	bersahabat	[bərsahabat]
amigote (m)	teman	[teman]

amiguete (f)	**teman**	[teman]
compañero (m)	**mitra**	[mitra]
jefe (m)	**atasan**	[atasan]
superior (m)	**atasan**	[atasan]
propietario (m)	**pemilik**	[pemili']
subordinado (m)	**bawahan**	[bawahan]
colega (m, f)	**kolega**	[kolega]
conocido (m)	**kenalan**	[kenalan]
compañero (m) de viaje	**rekan seperjalanan**	[rekan seperdʒⁱalanan]
condiscípulo (m)	**teman sekelas**	[teman sekelas]
vecino (m)	**tetangga**	[tetaŋga]
vecina (f)	**tetangga**	[tetaŋga]
vecinos (pl)	**para tetangga**	[para tetaŋga]

T&P BOOKS

EL CUERPO. LA MEDICINA

T&P Books Publishing

cabeza (f)	**kepala**	[kepala]
cara (f)	**wajah**	[wadʒ¦ah]
nariz (f)	**hidung**	[hiduŋ]
boca (f)	**mulut**	[mulut]
ojo (m)	**mata**	[mata]
ojos (m pl)	**mata**	[mata]
pupila (f)	**pupil, biji mata**	[pupil], [bidʒi mata]
ceja (f)	**alis**	[alis]
pestaña (f)	**bulu mata**	[bulu mata]
párpado (m)	**kelopak mata**	[kelopaʔ mata]
lengua (f)	**lidah**	[lidah]
diente (m)	**gigi**	[gigi]
labios (m pl)	**bibir**	[bibir]
pómulos (m pl)	**tulang pipi**	[tulaŋ pipi]
encía (f)	**gusi**	[gusi]
paladar (m)	**langit-langit mulut**	[laŋit-laŋit mulut]
ventanas (f pl)	**lubang hidung**	[lubaŋ hiduŋ]
mentón (m)	**dagu**	[dagu]
mandíbula (f)	**rahang**	[rahaŋ]
mejilla (f)	**pipi**	[pipi]
frente (f)	**dahi**	[dahi]
sien (f)	**pelipis**	[pelipis]
oreja (f)	**telinga**	[teliŋa]
nuca (f)	**tengkuk**	[teŋkuʔ]
cuello (m)	**leher**	[leher]
garganta (f)	**tenggorok**	[teŋgoroʔ]
pelo, cabello (m)	**rambut**	[rambut]
peinado (m)	**tatanan rambut**	[tatanan rambut]
corte (m) de pelo	**potongan rambut**	[potoŋan rambut]
peluca (f)	**wig, rambut palsu**	[wig], [rambut palsu]
bigote (m)	**kumis**	[kumis]
barba (f)	**janggut**	[dʒ¦aŋgut]
tener (~ la barba)	**memelihara**	[memelihara]
trenza (f)	**kepang**	[kepaŋ]
patillas (f pl)	**brewok**	[brewoʔ]
pelirrojo (adj)	**merah pirang**	[merah piraŋ]
gris, canoso (adj)	**beruban**	[bəruban]

calvo (adj)	**botak, plontos**	[botak], [plontos]
calva (f)	**botak**	[bota']
cola (f) de caballo	**ekor kuda**	[ekor kuda]
flequillo (m)	**poni rambut**	[poni rambut]

62. El cuerpo

mano (f)	**tangan**	[taŋan]
brazo (m)	**lengan**	[leŋan]
dedo (m)	**jari**	[dʒˈari]
dedo (m) del pie	**jari**	[dʒˈari]
dedo (m) pulgar	**jempol**	[dʒˈempol]
dedo (m) meñique	**jari kelingking**	[dʒˈari keliŋkiŋ]
uña (f)	**kuku**	[kuku]
puño (m)	**kepalan tangan**	[kepalan taŋan]
palma (f)	**telapak**	[telapa']
muñeca (f)	**pergelangan**	[pərgelaŋan]
antebrazo (m)	**lengan bawah**	[leŋan bawah]
codo (m)	**siku**	[siku]
hombro (m)	**bahu**	[bahu]
pierna (f)	**kaki**	[kaki]
planta (f)	**telapak kaki**	[telapa' kaki]
rodilla (f)	**lutut**	[lutut]
pantorrilla (f)	**betis**	[betis]
cadera (f)	**paha**	[paha]
talón (m)	**tumit**	[tumit]
cuerpo (m)	**tubuh**	[tubuh]
vientre (m)	**perut**	[perut]
pecho (m)	**dada**	[dada]
seno (m)	**payudara**	[pajudara]
lado (m), costado (m)	**rusuk**	[rusu']
espalda (f)	**punggung**	[puŋguŋ]
zona (f) lumbar	**pinggang bawah**	[piŋgaŋ bawah]
cintura (f), talle (m)	**pinggang**	[piŋgaŋ]
ombligo (m)	**pusar**	[pusar]
nalgas (f pl)	**pantat**	[pantat]
trasero (m)	**pantat**	[pantat]
lunar (m)	**tanda lahir**	[tanda lahir]
marca (f) de nacimiento	**tanda lahir**	[tanda lahir]
tatuaje (m)	**tato**	[tato]
cicatriz (f)	**parut luka**	[parut luka]

63. Las enfermedades

enfermedad (f)	penyakit	[penjakit]
estar enfermo	sakit	[sakit]
salud (f)	kesehatan	[kesehatan]
resfriado (m) (coriza)	hidung meler	[hiduŋ meler]
angina (f)	radang tonsil	[radaŋ tonsil]
resfriado (m)	pilek, selesma	[pilek], [selesma]
resfriarse (vr)	masuk angin	[masuʔ aɲin]
bronquitis (f)	bronkitis	[bronkitis]
pulmonía (f)	radang paru-paru	[radaŋ paru-paru]
gripe (f)	flu	[flu]
miope (adj)	rabun jauh	[rabun dʒˈauh]
présbita (adj)	rabun dekat	[rabun dekat]
estrabismo (m)	mata juling	[mata dʒˈuliŋ]
estrábico (m) (adj)	bermata juling	[bərmata dʒˈuliŋ]
catarata (f)	katarak	[kataraʔ]
glaucoma (m)	glaukoma	[glaukoma]
insulto (m)	stroke	[stroke]
ataque (m) cardiaco	infark	[infarʔ]
infarto (m) de miocardio	serangan jantung	[seraŋan dʒˈantuŋ]
parálisis (f)	kelumpuhan	[kelumpuhan]
paralizar (vt)	melumpuhkan	[melumpuhkan]
alergia (f)	alergi	[alergi]
asma (f)	asma	[asma]
diabetes (f)	diabetes	[diabetes]
dolor (m) de muelas	sakit gigi	[sakit gigi]
caries (f)	karies	[karies]
diarrea (f)	diare	[diare]
estreñimiento (m)	konstipasi, sembelit	[konstipasi], [sembelit]
molestia (f) estomacal	gangguan pencernaan	[gaɲuan pentʃarna'an]
envenenamiento (m)	keracunan makanan	[keratʃunan makanan]
envenenarse (vr)	keracunan makanan	[keratʃunan makanan]
artritis (f)	artritis	[artritis]
raquitismo (m)	rakitis	[rakitis]
reumatismo (m)	rematik	[rematiʔ]
ateroesclerosis (f)	aterosklerosis	[aterosklerosis]
gastritis (f)	radang perut	[radaŋ pərut]
apendicitis (f)	apendisitis	[apendisitis]
colecistitis (f)	radang pundi empedu	[radaŋ pundi empedu]
úlcera (f)	tukak lambung	[tukaʔ lambuŋ]
sarampión (m)	penyakit campak	[penjakit tʃampaʔ]

rubeola (f)	**penyakit campak Jerman**	[penjakit tʃampaʔ dʒʲerman]
ictericia (f)	**sakit kuning**	[sakit kuniŋ]
hepatitis (f)	**hepatitis**	[hepatitis]
esquizofrenia (f)	**skizofrenia**	[skizofrenia]
rabia (f) (hidrofobia)	**rabies**	[rabies]
neurosis (f)	**neurosis**	[neurosis]
conmoción (f) cerebral	**gegar otak**	[gegar otaʔ]
cáncer (m)	**kanker**	[kanker]
esclerosis (f)	**sklerosis**	[sklerosis]
esclerosis (m) múltiple	**sklerosis multipel**	[sklerosis multipel]
alcoholismo (m)	**alkoholisme**	[alkoholisme]
alcohólico (m)	**alkoholik**	[alkoholiʔ]
sífilis (f)	**sifilis**	[sifilis]
SIDA (m)	**AIDS**	[ajds]
tumor (m)	**tumor**	[tumor]
maligno (adj)	**ganas**	[ganas]
benigno (adj)	**jinak**	[dʒinaʔ]
fiebre (f)	**demam**	[demam]
malaria (f)	**malaria**	[malaria]
gangrena (f)	**gangren**	[gaŋren]
mareo (m)	**mabuk laut**	[mabuʔ laut]
epilepsia (f)	**epilepsi**	[epilepsi]
epidemia (f)	**epidemi**	[epidemi]
tifus (m)	**tifus**	[tifus]
tuberculosis (f)	**tuberkulosis**	[tuberkulosis]
cólera (f)	**kolera**	[kolera]
peste (f)	**penyakit pes**	[penjakit pes]

64. Los síntomas. Los tratamientos. Unidad 1

síntoma (m)	**gejala**	[gedʒʲala]
temperatura (f)	**temperatur, suhu**	[temperatur], [suhu]
fiebre (f)	**temperatur tinggi**	[temperatur tiŋgi]
pulso (m)	**denyut nadi**	[denyut nadi]
mareo (m) (vértigo)	**rasa pening**	[rasa peniŋ]
caliente (adj)	**panas**	[panas]
escalofrío (m)	**menggigil**	[meŋgigil]
pálido (adj)	**pucat**	[putʃat]
tos (f)	**batuk**	[batuʔ]
toser (vi)	**batuk**	[batuʔ]
estornudar (vi)	**bersin**	[bersin]
desmayo (m)	**pingsan**	[piŋsan]

desmayarse (vr)	**jatuh pingsan**	[dʒatuh piŋsan]
moradura (f)	**luka memar**	[luka memar]
chichón (m)	**bengkak**	[beŋkaʔ]
golpearse (vr)	**terantuk**	[tərantuʔ]
magulladura (f)	**luka memar**	[luka memar]
magullarse (vr)	**kena luka memar**	[kena luka memar]
cojear (vi)	**pincang**	[pintʃaŋ]
dislocación (f)	**keseleo**	[keseleo]
dislocar (vt)	**keseleo**	[keseleo]
fractura (f)	**fraktura, patah tulang**	[fraktura], [patah tulaŋ]
tener una fractura	**patah tulang**	[patah tulaŋ]
corte (m) (tajo)	**teriris**	[təriris]
cortarse (vr)	**teriris**	[təriris]
hemorragia (f)	**perdarahan**	[pərdarahan]
quemadura (f)	**luka bakar**	[luka bakar]
quemarse (vr)	**menderita luka bakar**	[mənderita luka bakar]
pincharse (~ el dedo)	**menusuk**	[mənusuʔ]
pincharse (vr)	**tertusuk**	[tərtusuʔ]
herir (vt)	**melukai**	[melukaj]
herida (f)	**cedera**	[tʃedera]
lesión (f) (herida)	**luka**	[luka]
trauma (m)	**trauma**	[trauma]
delirar (vi)	**mengigau**	[məŋigau]
tartamudear (vi)	**gagap**	[gagap]
insolación (f)	**sengatan matahari**	[seŋatan matahari]

65. Los síntomas. Los tratamientos. Unidad 2

dolor (m)	**sakit**	[sakit]
astilla (f)	**selumbar**	[selumbar]
sudor (m)	**keringat**	[keriŋat]
sudar (vi)	**berkeringat**	[bərkeriŋat]
vómito (m)	**muntah**	[muntah]
convulsiones (f pl)	**kram**	[kram]
embarazada (adj)	**hamil**	[hamil]
nacer (vi)	**lahir**	[lahir]
parto (m)	**persalinan**	[pərsalinan]
dar a luz	**melahirkan**	[melahirkan]
aborto (m)	**aborsi**	[aborsi]
respiración (f)	**pernapasan**	[pərnapasan]
inspiración (f)	**tarikan napas**	[tarikan napas]
espiración (f)	**napas keluar**	[napas keluar]

espirar (vi)	**mengembuskan napas**	[məŋembuskan napas]
inspirar (vi)	**menarik napas**	[mənariʔ napas]
inválido (m)	**penderita cacat**	[penderita tʃatʃat]
mutilado (m)	**penderita cacat**	[penderita tʃatʃat]
drogadicto (m)	**pecandu narkoba**	[petʃandu narkoba]
sordo (adj)	**tunarungu**	[tunaruŋu]
mudo (adj)	**tunawicara**	[tunawitʃara]
sordomudo (adj)	**tunarungu-wicara**	[tunaruŋu-witʃara]
loco (adj)	**gila**	[gila]
loco (m)	**lelaki gila**	[lelaki gila]
loca (f)	**perempuan gila**	[pərempuan gila]
volverse loco	**menggila**	[məŋgila]
gen (m)	**gen**	[gen]
inmunidad (f)	**imunitas**	[imunitas]
hereditario (adj)	**turun-temurun**	[turun-temurun]
de nacimiento (adj)	**bawaan**	[bawaʔan]
virus (m)	**virus**	[virus]
microbio (m)	**mikroba**	[mikroba]
bacteria (f)	**bakteri**	[bakteri]
infección (f)	**infeksi**	[infeksi]

66. Los síntomas. Los tratamientos. Unidad 3

hospital (m)	**rumah sakit**	[rumah sakit]
paciente (m)	**pasien**	[pasien]
diagnosis (f)	**diagnosis**	[diagnosis]
cura (f)	**perawatan**	[pərawatan]
tratamiento (m)	**pengobatan medis**	[peŋobatan medis]
curarse (vr)	**berobat**	[bərobat]
tratar (vt)	**merawat**	[merawat]
cuidar (a un enfermo)	**merawat**	[merawat]
cuidados (m pl)	**pengasuhan**	[peŋasuhan]
operación (f)	**operasi, pembedahan**	[operasi], [pembedahan]
vendar (vt)	**membalut**	[membalut]
vendaje (m)	**pembalutan**	[pembalutan]
vacunación (f)	**vaksinasi**	[vaksinasi]
vacunar (vt)	**memvaksinasi**	[memvaksinasi]
inyección (f)	**suntikan**	[suntikan]
aplicar una inyección	**menyuntik**	[mənyuntiʔ]
ataque (m)	**serangan**	[seraŋan]
amputación (f)	**amputasi**	[amputasi]

amputar (vt)	**mengamputasi**	[məŋamputasi]
coma (m)	**koma**	[koma]
estar en coma	**dalam keadaan koma**	[dalam keada'an koma]
revitalización (f)	**perawatan intensif**	[pərawatan intensif]
recuperarse (vr)	**sembuh**	[sembuh]
estado (m) (de salud)	**keadaan**	[keada'an]
consciencia (f)	**kesadaran**	[kesadaran]
memoria (f)	**memori, daya ingat**	[memori], [daja iŋat]
extraer (un diente)	**mencabut**	[mənʧabut]
empaste (m)	**tambalan**	[tambalan]
empastar (vt)	**menambal**	[mənambal]
hipnosis (f)	**hipnosis**	[hipnosis]
hipnotizar (vt)	**menghipnosis**	[məŋhipnosis]

67. La medicina. Las drogas. Los accesorios

medicamento (m), droga (f)	**obat**	[obat]
remedio (m)	**obat**	[obat]
prescribir (vt)	**meresepkan**	[meresepkan]
receta (f)	**resep**	[resep]
tableta (f)	**pil, tablet**	[pil], [tablet]
ungüento (m)	**salep**	[salep]
ampolla (f)	**ampul**	[ampul]
mixtura (f), mezcla (f)	**obat cair**	[obat ʧajr]
sirope (m)	**sirop**	[sirop]
píldora (f)	**pil**	[pil]
polvo (m)	**bubuk**	[bubu']
venda (f)	**perban**	[perban]
algodón (m) (discos de ~)	**kapas**	[kapas]
yodo (m)	**iodium**	[iodium]
tirita (f), curita (f)	**plester obat**	[plester obat]
pipeta (f)	**tetes mata**	[tetes mata]
termómetro (m)	**termometer**	[tərmometər]
jeringa (f)	**alat suntik**	[alat sunti']
silla (f) de ruedas	**kursi roda**	[kursi roda]
muletas (f pl)	**kruk**	[kru']
anestésico (m)	**obat bius**	[obat bius]
purgante (m)	**laksatif, obat pencuci perut**	[laksatif], [obat penʧuʧi pərut]
alcohol (m)	**spiritus, alkohol**	[spiritus], [alkohol]
hierba (f) medicinal	**tanaman obat**	[tanaman obat]
de hierbas (té ~)	**herbal**	[herbal]

EL APARTAMENTO

T&P Books Publishing

68. El apartamento

apartamento (m)	**apartemen**	[apartemen]
habitación (f)	**kamar**	[kamar]
dormitorio (m)	**kamar tidur**	[kamar tidur]
comedor (m)	**ruang makan**	[ruaŋ makan]
salón (m)	**ruang tamu**	[ruaŋ tamu]
despacho (m)	**ruang kerja**	[ruaŋ kerdʒˈa]
antecámara (f)	**ruang depan**	[ruaŋ depan]
cuarto (m) de baño	**kamar mandi**	[kamar mandi]
servicio (m)	**kamar kecil**	[kamar ketʃil]
techo (m)	**plafon, langit-langit**	[plafon], [laŋit-laŋit]
suelo (m)	**lantai**	[lantaj]
rincón (m)	**sudut**	[sudut]

69. Los muebles. El interior

muebles (m pl)	**mebel**	[mebel]
mesa (f)	**meja**	[medʒˈa]
silla (f)	**kursi**	[kursi]
cama (f)	**ranjang**	[randʒˈaŋ]
sofá (m)	**dipan**	[dipan]
sillón (m)	**kursi malas**	[kursi malas]
librería (f)	**lemari buku**	[lemari buku]
estante (m)	**rak**	[raʔ]
armario (m)	**lemari pakaian**	[lemari pakajan]
percha (f)	**kapstok**	[kapstoʔ]
perchero (m) de pie	**kapstok berdiri**	[kapstoʔ bərdiri]
cómoda (f)	**lemari laci**	[lemari latʃi]
mesa (f) de café	**meja kopi**	[medʒˈa kopi]
espejo (m)	**cermin**	[tʃermin]
tapiz (m)	**permadani**	[pərmadani]
alfombra (f)	**karpet kecil**	[karpet ketʃil]
chimenea (f)	**perapian**	[pərapian]
vela (f)	**lilin**	[lilin]
candelero (m)	**kaki lilin**	[kaki lilin]
cortinas (f pl)	**gorden**	[gorden]

empapelado (m)	kertas dinding	[kertas dindiŋ]
estor (m) de láminas	kerai	[keraj]
lámpara (f) de mesa	lampu meja	[lampu medʒia]
aplique (m)	lampu dinding	[lampu dindiŋ]
lámpara (f) de pie	lampu lantai	[lampu lantaj]
lámpara (f) de araña	lampu bercabang	[lampu bertʃabaŋ]
pata (f) (~ de la mesa)	kaki	[kaki]
brazo (m)	lengan	[leŋan]
espaldar (m)	sandaran	[sandaran]
cajón (m)	laci	[latʃi]

70. Los accesorios de cama

ropa (f) de cama	kain kasur	[kain kasur]
almohada (f)	bantal	[bantal]
funda (f)	sarung bantal	[saruŋ bantal]
manta (f)	selimut	[selimut]
sábana (f)	seprai	[sepraj]
sobrecama (f)	selubung kasur	[selubuŋ kasur]

71. La cocina

cocina (f)	dapur	[dapur]
gas (m)	gas	[gas]
cocina (f) de gas	kompor gas	[kompor gas]
cocina (f) eléctrica	kompor listrik	[kompor listriʔ]
horno (m)	oven	[oven]
horno (m) microondas	microwave	[majkrowav]
frigorífico (m)	lemari es, kulkas	[lemari es], [kulkas]
congelador (m)	lemari pembeku	[lemari pembeku]
lavavajillas (m)	mesin pencuci piring	[mesin pentʃutʃi piriŋ]
picadora (f) de carne	alat pelumat daging	[alat pelumat dagiŋ]
exprimidor (m)	mesin sari buah	[mesin sari buah]
tostador (m)	alat pemanggang roti	[alat pemaŋgaŋ roti]
batidora (f)	pencampur	[pentʃampur]
cafetera (f) (aparato de cocina)	mesin pembuat kopi	[mesin pembuat kopi]
cafetera (f) (para servir)	teko kopi	[teko kopi]
molinillo (m) de café	mesin penggiling kopi	[mesin peŋgiliŋ kopi]
hervidor (m) de agua	cerek	[tʃereʔ]
tetera (f)	teko	[teko]
tapa (f)	tutup	[tutup]

colador (m) de té	**saringan teh**	[sariŋan teh]
cuchara (f)	**sendok**	[sendoʔ]
cucharilla (f)	**sendok teh**	[sendoʔ teh]
cuchara (f) de sopa	**sendok makan**	[sendoʔ makan]
tenedor (m)	**garpu**	[garpu]
cuchillo (m)	**pisau**	[pisau]
vajilla (f)	**piring mangkuk**	[piriŋ maŋkuʔ]
plato (m)	**piring**	[piriŋ]
platillo (m)	**alas cangkir**	[alas tʃaŋkir]
vaso (m) de chupito	**seloki**	[seloki]
vaso (m) (~ de agua)	**gelas**	[gelas]
taza (f)	**cangkir**	[tʃaŋkir]
azucarera (f)	**wadah gula**	[wadah gula]
salero (m)	**wadah garam**	[wadah garam]
pimentero (m)	**wadah merica**	[wadah meritʃa]
mantequera (f)	**wadah mentega**	[wadah mentega]
cacerola (f)	**panci**	[pantʃi]
sartén (f)	**kuali**	[kuali]
cucharón (m)	**sudu**	[sudu]
colador (m)	**saringan**	[sariŋan]
bandeja (f)	**talam**	[talam]
botella (f)	**botol**	[botol]
tarro (m) de vidrio	**gelas**	[gelas]
lata (f)	**kaleng**	[kaleŋ]
abrebotellas (m)	**pembuka botol**	[pembuka botol]
abrelatas (m)	**pembuka kaleng**	[pembuka kaleŋ]
sacacorchos (m)	**kotrek**	[kotreʔ]
filtro (m)	**saringan**	[sariŋan]
filtrar (vt)	**saringan**	[sariŋan]
basura (f)	**sampah**	[sampah]
cubo (m) de basura	**tong sampah**	[toŋ sampah]

72. El baño

cuarto (m) de baño	**kamar mandi**	[kamar mandi]
agua (f)	**air**	[air]
grifo (m)	**keran**	[keran]
agua (f) caliente	**air panas**	[air panas]
agua (f) fría	**air dingin**	[air diŋin]
pasta (f) de dientes	**pasta gigi**	[pasta gigi]
limpiarse los dientes	**menggosok gigi**	[meŋgosoʔ gigi]
cepillo (m) de dientes	**sikat gigi**	[sikat gigi]

afeitarse (vr)	bercukur	[bərtʃukur]
espuma (f) de afeitar	busa cukur	[busa tʃukur]
maquinilla (f) de afeitar	pisau cukur	[pisau tʃukur]

lavar (vt)	mencuci	[məntʃutʃi]
darse un baño	mandi	[mandi]
ducha (f)	pancuran	[pantʃuran]
darse una ducha	mandi pancuran	[mandi pantʃuran]

bañera (f)	bak mandi	[ba' mandi]
inodoro (m)	kloset	[kloset]
lavabo (m)	wastafel	[wastafel]

| jabón (m) | sabun | [sabun] |
| jabonera (f) | wadah sabun | [wadah sabun] |

esponja (f)	spons	[spons]
champú (m)	sampo	[sampo]
toalla (f)	handuk	[handu']
bata (f) de baño	jubah mandi	[dʒ'ubah mandi]

colada (f), lavado (m)	pencucian	[pentʃutʃian]
lavadora (f)	mesin cuci	[mesin tʃutʃi]
lavar la ropa	mencuci	[məntʃutʃi]
detergente (m) en polvo	deterjen cuci	[deterdʒ'en tʃutʃi]

73. Los aparatos domésticos

televisor (m)	pesawat TV	[pesawat ti-vi]
magnetófono (m)	alat perekam	[alat pərekam]
vídeo (m)	video, VCR	[vidio], [vi-si-er]
radio (m)	radio	[radio]
reproductor (m) (~ MP3)	pemutar	[pemutar]

proyector (m) de vídeo	proyektor video	[proektor video]
sistema (m) home cinema	bioskop rumah	[bioskop rumah]
reproductor (m) de DVD	pemutar DVD	[pemutar di-vi-di]
amplificador (m)	penguat	[peŋuat]
videoconsola (f)	konsol permainan video	[konsol pərmajnan video]

cámara (f) de vídeo	kamera video	[kamera video]
cámara (f) fotográfica	kamera	[kamera]
cámara (f) digital	kamera digital	[kamera digital]

aspirador (m), aspiradora (f)	pengisap debu	[peŋisap debu]
plancha (f)	setrika	[setrika]
tabla (f) de planchar	papan setrika	[papan setrika]

| teléfono (m) | telepon | [telepon] |
| teléfono (m) móvil | ponsel | [ponsel] |

máquina (f) de escribir	mesin ketik	[mesin keti']
máquina (f) de coser	mesin jahit	[mesin dʒ'ahit]
micrófono (m)	mikrofon	[mikrofon]
auriculares (m pl)	headphone, fonkepala	[headphone], [fonkepala]
mando (m) a distancia	panel kendali	[panel kendali]
CD (m)	cakram kompak	[tʃakram kompa']
casete (m)	kaset	[kaset]
disco (m) de vinilo	piringan hitam	[piriŋan hitam]

T&P BOOKS

LA TIERRA. EL TIEMPO

T&P Books Publishing

cosmos (m)	angkasa	[aŋkasa]
espacial, cósmico (adj)	angkasa	[aŋkasa]
espacio (m) cósmico	ruang angkasa	[ruaŋ aŋkasa]
mundo (m)	dunia	[dunia]
universo (m)	jagat raya	[dʒiagat raja]
galaxia (f)	galaksi	[galaksi]
estrella (f)	bintang	[bintaŋ]
constelación (f)	gugusan bintang	[gugusan bintaŋ]
planeta (m)	planet	[planet]
satélite (m)	satelit	[satelit]
meteorito (m)	meteorit	[meteorit]
cometa (m)	komet	[komet]
asteroide (m)	asteroid	[asteroid]
órbita (f)	orbit	[orbit]
girar (vi)	berputar	[bərputar]
atmósfera (f)	atmosfer	[atmosfer]
Sol (m)	matahari	[matahari]
sistema (m) solar	tata surya	[tata surja]
eclipse (m) de Sol	gerhana matahari	[gerhana matahari]
Tierra (f)	Bumi	[bumi]
Luna (f)	Bulan	[bulan]
Marte (m)	Mars	[mars]
Venus (f)	Venus	[venus]
Júpiter (m)	Yupiter	[yupiter]
Saturno (m)	Saturnus	[saturnus]
Mercurio (m)	Merkurius	[merkurius]
Urano (m)	Uranus	[uranus]
Neptuno (m)	Neptunus	[neptunus]
Plutón (m)	Pluto	[pluto]
la Vía Láctea	Bimasakti	[bimasakti]
la Osa Mayor	Ursa Major	[ursa madʒor]
la Estrella Polar	Bintang Utara	[bintaŋ utara]
marciano (m)	makhluk Mars	[mahluʼ mars]
extraterrestre (m)	makhluk ruang angkasa	[mahluʼ ruaŋ aŋkasa]
planetícola (m)	alien, makhluk asing	[alien], [mahluʼ asiŋ]

platillo (m) volante	**piring terbang**	[piriŋ tərbaŋ]
nave (f) espacial	**kapal antariksa**	[kapal antariksa]
estación (f) orbital	**stasiun antariksa**	[stasiun antariksa]
despegue (m)	**peluncuran**	[peluntʃuran]
motor (m)	**mesin**	[mesin]
tobera (f)	**nosel**	[nosel]
combustible (m)	**bahan bakar**	[bahan bakar]
carlinga (f)	**kokpit**	[kokpit]
antena (f)	**antena**	[antena]
ventana (f)	**jendela**	[dʒʲendela]
batería (f) solar	**sel surya**	[sel surja]
escafandra (f)	**pakaian antariksa**	[pakajan antariksa]
ingravidez (f)	**keadaan tanpa bobot**	[keada'an tanpa bobot]
oxígeno (m)	**oksigen**	[oksigen]
atraque (m)	**penggabungan**	[peŋgabuŋan]
realizar el atraque	**bergabung**	[bərgabuŋ]
observatorio (m)	**observatorium**	[observatorium]
telescopio (m)	**teleskop**	[teleskop]
observar (vt)	**mengamati**	[məŋamati]
explorar (~ el universo)	**mengeksplorasi**	[məŋeksplorasi]

75. La tierra

Tierra (f)	**Bumi**	[bumi]
globo (m) terrestre	**bola Bumi**	[bola bumi]
planeta (m)	**planet**	[planet]
atmósfera (f)	**atmosfer**	[atmosfer]
geografía (f)	**geografi**	[geografi]
naturaleza (f)	**alam**	[alam]
globo (m) terráqueo	**globe**	[globe]
mapa (m)	**peta**	[peta]
atlas (m)	**atlas**	[atlas]
Europa (f)	**Eropa**	[eropa]
Asia (f)	**Asia**	[asia]
África (f)	**Afrika**	[afrika]
Australia (f)	**Australia**	[australia]
América (f)	**Amerika**	[amerika]
América (f) del Norte	**Amerika Utara**	[amerika utara]
América (f) del Sur	**Amerika Selatan**	[amerika selatan]
Antártida (f)	**Antartika**	[antartika]
Ártico (m)	**Arktika**	[arktika]

76. Los puntos cardinales

norte (m)	utara	[utara]
al norte	ke utara	[ke utara]
en el norte	di utara	[di utara]
del norte (adj)	utara	[utara]
sur (m)	selatan	[selatan]
al sur	ke selatan	[ke selatan]
en el sur	di selatan	[di selatan]
del sur (adj)	selatan	[selatan]
oeste (m)	barat	[barat]
al oeste	ke barat	[ke barat]
en el oeste	di barat	[di barat]
del oeste (adj)	barat	[barat]
este (m)	timur	[timur]
al este	ke timur	[ke timur]
en el este	di timur	[di timur]
del este (adj)	timur	[timur]

77. El mar. El océano

mar (m)	laut	[laut]
océano (m)	samudra	[samudra]
golfo (m)	teluk	[teluˀ]
estrecho (m)	selat	[selat]
tierra (f) firme	daratan	[daratan]
continente (m)	benua	[benua]
isla (f)	pulau	[pulau]
península (f)	semenanjung, jazirah	[semenandʒʲuŋ], [dʒʲazirah]
archipiélago (m)	kepulauan	[kepulauan]
bahía (f)	teluk	[teluˀ]
ensenada, bahía (f)	pelabuhan	[pelabuhan]
laguna (f)	laguna	[laguna]
cabo (m)	tanjung	[tandʒʲuŋ]
atolón (m)	pulau karang	[pulau karaŋ]
arrecife (m)	terumbu	[terumbu]
coral (m)	karang	[karaŋ]
arrecife (m) de coral	terumbu karang	[terumbu karaŋ]
profundo (adj)	dalam	[dalam]
profundidad (f)	kedalaman	[kedalaman]
abismo (m)	jurang	[dʒʲuraŋ]

fosa (f) oceánica	**palung**	[paluŋ]
corriente (f)	**arus**	[arus]
bañar (rodear)	**berbatasan dengan**	[bərbatasan deŋan]
orilla (f)	**pantai**	[pantaj]
costa (f)	**pantai**	[pantaj]
flujo (m)	**air pasang**	[air pasaŋ]
reflujo (m)	**air surut**	[air surut]
banco (m) de arena	**beting**	[betiŋ]
fondo (m)	**dasar**	[dasar]
ola (f)	**gelombang**	[gelombaŋ]
cresta (f) de la ola	**puncak gelombang**	[puntʃaʔ gelombaŋ]
espuma (f)	**busa, buih**	[busa], [buih]
tempestad (f)	**badai**	[badaj]
huracán (m)	**topan**	[topan]
tsunami (m)	**tsunami**	[tsunami]
bonanza (f)	**angin tenang**	[aŋin tenaŋ]
calmo, tranquilo	**tenang**	[tenaŋ]
polo (m)	**kutub**	[kutub]
polar (adj)	**kutub**	[kutub]
latitud (f)	**lintang**	[lintaŋ]
longitud (f)	**garis bujur**	[garis budʒʲur]
paralelo (m)	**sejajar**	[sedʒʲadʒʲar]
ecuador (m)	**khatulistiwa**	[hatulistiwa]
cielo (m)	**langit**	[laŋit]
horizonte (m)	**horizon**	[horizon]
aire (m)	**udara**	[udara]
faro (m)	**mercusuar**	[mertʃusuar]
bucear (vi)	**menyelam**	[mənjelam]
hundirse (vr)	**karam**	[karam]
tesoros (m pl)	**harta karun**	[harta karun]

78. Los nombres de los mares y los océanos

océano (m) Atlántico	**Samudra Atlantik**	[samudra atlantiʔ]
océano (m) Índico	**Samudra Hindia**	[samudra hindia]
océano (m) Pacífico	**Samudra Pasifik**	[samudra pasifiʔ]
océano (m) Glacial Ártico	**Samudra Arktik**	[samudra arktiʔ]
mar (m) Negro	**Laut Hitam**	[laut hitam]
mar (m) Rojo	**Laut Merah**	[laut merah]
mar (m) Amarillo	**Laut Kuning**	[laut kuniŋ]
mar (m) Blanco	**Laut Putih**	[laut putih]

mar (m) Caspio	Laut Kaspia	[laut kaspia]
mar (m) Muerto	Laut Mati	[laut mati]
mar (m) Mediterráneo	Laut Tengah	[laut teŋah]
mar (m) Egeo	Laut Aegean	[laut aegean]
mar (m) Adriático	Laut Adriatik	[laut adriatiʔ]
mar (m) Arábigo	Laut Arab	[laut arab]
mar (m) del Japón	Laut Jepang	[laut dʒʲepaŋ]
mar (m) de Bering	Laut Bering	[laut bəriŋ]
mar (m) de la China Meridional	Laut Cina Selatan	[laut ʧina selatan]
mar (m) del Coral	Laut Karang	[laut karaŋ]
mar (m) de Tasmania	Laut Tasmania	[laut tasmania]
mar (m) Caribe	Laut Karibia	[laut karibia]
mar (m) de Barents	Laut Barents	[laut barents]
mar (m) de Kara	Laut Kara	[laut kara]
mar (m) del Norte	Laut Utara	[laut utara]
mar (m) Báltico	Laut Baltik	[laut baltiʔ]
mar (m) de Noruega	Laut Norwegia	[laut norwegia]

79. Las montañas

montaña (f)	gunung	[gunuŋ]
cadena (f) de montañas	jajaran gunung	[dʒʲadʒʲaran gunuŋ]
cresta (f) de montañas	sisir gunung	[sisir gunuŋ]
cima (f)	puncak	[punʧaʔ]
pico (m)	puncak	[punʧaʔ]
pie (m)	kaki	[kaki]
cuesta (f)	lereng	[lereŋ]
volcán (m)	gunung api	[gunuŋ api]
volcán (m) activo	gunung api yang aktif	[gunuŋ api yaŋ aktif]
volcán (m) apagado	gunung api yang tidak aktif	[gunuŋ api yaŋ tidaʔ aktif]
erupción (f)	erupsi, letusan	[erupsi], [letusan]
cráter (m)	kawah	[kawah]
magma (m)	magma	[magma]
lava (f)	lava, lahar	[lava], [lahar]
fundido (lava ~a)	pijar	[pidʒʲar]
cañón (m)	kanyon	[kanjon]
desfiladero (m)	jurang	[dʒʲuraŋ]
grieta (f)	celah	[ʧelah]
precipicio (m)	jurang	[dʒʲuraŋ]

puerto (m) (paso)	**pass, celah**	[pass], [tʃelah]
meseta (f)	**plato, dataran tinggi**	[plato], [dataran tiŋgi]
roca (f)	**tebing**	[tebiŋ]
colina (f)	**bukit**	[bukit]
glaciar (m)	**gletser**	[gletser]
cascada (f)	**air terjun**	[air tərdʒʲun]
geiser (m)	**geiser**	[geyser]
lago (m)	**danau**	[danau]
llanura (f)	**dataran**	[dataran]
paisaje (m)	**landskap**	[landskap]
eco (m)	**gema**	[gema]
alpinista (m)	**pendaki gunung**	[pendaki gunuŋ]
escalador (m)	**pemanjat tebing**	[pemandʒʲat tebiŋ]
conquistar (vt)	**menaklukkan**	[mənaklu'kan]
ascensión (f)	**pendakian**	[pendakian]

80. Los nombres de las montañas

Alpes (m pl)	**Alpen**	[alpen]
Montblanc (m)	**Mont Blanc**	[mon blan]
Pirineos (m pl)	**Pirenia**	[pirenia]
Cárpatos (m pl)	**Pegunungan Karpatia**	[pegunuŋan karpatia]
Urales (m pl)	**Pegunungan Ural**	[pegunuŋan ural]
Cáucaso (m)	**Kaukasus**	[kaukasus]
Elbrus (m)	**Elbrus**	[elbrus]
Altai (m)	**Altai**	[altaj]
Tian-Shan (m)	**Tien Shan**	[tjen ʃan]
Pamir (m)	**Pegunungan Pamir**	[pegunuŋan pamir]
Himalayos (m pl)	**Himalaya**	[himalaja]
Everest (m)	**Everest**	[everest]
Andes (m pl)	**Andes**	[andes]
Kilimanjaro (m)	**Kilimanjaro**	[kilimandʒʲaro]

81. Los ríos

río (m)	**sungai**	[suŋaj]
manantial (m)	**mata air**	[mata air]
lecho (m) (curso de agua)	**badan sungai**	[badan suŋaj]
cuenca (f) fluvial	**basin**	[basin]
desembocar en …	**mengalir ke …**	[məŋalir ke …]
afluente (m)	**anak sungai**	[ana' suŋaj]
ribera (f)	**tebing sungai**	[tebiŋ suŋaj]

corriente (f)	**arus**	[arus]
río abajo (adv)	**ke hilir**	[ke hilir]
río arriba (adv)	**ke hulu**	[ke hulu]
inundación (f)	**banjir**	[bandʒir]
riada (f)	**banjir**	[bandʒir]
desbordarse (vr)	**membanjiri**	[membandʒiri]
inundar (vt)	**membanjiri**	[membandʒiri]
bajo (m) arenoso	**beting**	[betiŋ]
rápido (m)	**jeram**	[dʒʲeram]
presa (f)	**dam, bendungan**	[dam], [benduŋan]
canal (m)	**kanal, terusan**	[kanal], [tərusan]
lago (m) artificiale	**waduk**	[waduʔ]
esclusa (f)	**pintu air**	[pintu air]
cuerpo (m) de agua	**kolam**	[kolam]
pantano (m)	**rawa**	[rawa]
ciénaga (f)	**bencah, paya**	[bentʃah], [paja]
remolino (m)	**pusaran air**	[pusaran air]
arroyo (m)	**selokan**	[selokan]
potable (adj)	**minum**	[minum]
dulce (agua ~)	**tawar**	[tawar]
hielo (m)	**es**	[es]
helarse (el lago, etc.)	**membeku**	[membeku]

82. Los nombres de los ríos

Sena (m)	**Seine**	[seine]
Loira (m)	**Loire**	[loire]
Támesis (m)	**Thames**	[tems]
Rin (m)	**Rein**	[reyn]
Danubio (m)	**Donau**	[donau]
Volga (m)	**Volga**	[volga]
Don (m)	**Don**	[don]
Lena (m)	**Lena**	[lena]
Río (m) Amarillo	**Suang Kuning**	[suaŋ kuniŋ]
Río (m) Azul	**Yangtze**	[yaŋtze]
Mekong (m)	**Mekong**	[mekoŋ]
Ganges (m)	**Gangga**	[gaŋga]
Nilo (m)	**Sungai Nil**	[suŋaj nil]
Congo (m)	**Kongo**	[koŋo]
Okavango (m)	**Okavango**	[okavaŋo]

Zambeze (m)	**Zambezi**	[zambezi]
Limpopo (m)	**Limpopo**	[limpopo]
Misisipi (m)	**Mississippi**	[misisipi]

83. El bosque

| bosque (m) | **hutan** | [hutan] |
| de bosque (adj) | **hutan** | [hutan] |

espesura (f)	**hutan lebat**	[hutan lebat]
bosquecillo (m)	**hutan kecil**	[hutan ketʃil]
claro (m)	**pembukaan hutan**	[pembukaʔan hutan]

| maleza (f) | **semak belukar** | [semaʔ belukar] |
| matorral (m) | **belukar** | [belukar] |

| senda (f) | **jalan setapak** | [dʒⁱalan setapaʔ] |
| barranco (m) | **parit** | [parit] |

árbol (m)	**pohon**	[pohon]
hoja (f)	**daun**	[daun]
follaje (m)	**daun-daunan**	[daun-daunan]

caída (f) de hojas	**daun berguguran**	[daun bərguguran]
caer (las hojas)	**luruh**	[luruh]
cima (f)	**puncak**	[puntʃaʔ]

rama (f)	**cabang**	[tʃabaŋ]
rama (f) (gruesa)	**dahan**	[dahan]
brote (m)	**tunas**	[tunas]
aguja (f)	**daun jarum**	[daun dʒⁱarum]
piña (f)	**buah pinus**	[buah pinus]

| agujero (m) | **lubang pohon** | [lubaŋ pohon] |
| nido (m) | **sarang** | [saraŋ] |

tronco (m)	**batang**	[bataŋ]
raíz (f)	**akar**	[akar]
corteza (f)	**kulit**	[kulit]
musgo (m)	**lumut**	[lumut]

extirpar (vt)	**mencabut**	[məntʃabut]
talar (vt)	**menebang**	[mənebaŋ]
deforestar (vt)	**deforestasi, penggundulan hutan**	[deforestasi], [peŋgundulan hutan]
tocón (m)	**tunggul**	[tuŋgul]

hoguera (f)	**api unggun**	[api uŋgun]
incendio (m) forestal	**kebakaran hutan**	[kebakaran hutan]
apagar (~ el incendio)	**memadamkan**	[memadamkan]

173

guarda (m) forestal	**penjaga hutan**	[penʤ'aga hutan]
protección (f)	**perlindungan**	[pərlinduŋan]
proteger (vt)	**melindungi**	[melinduŋi]
cazador (m) furtivo	**pemburu ilegal**	[pemburu ilegal]
cepo (m)	**perangkap**	[pəraŋkap]
recoger (setas, bayas)	**memetik**	[memetiʔ]
perderse (vr)	**tersesat**	[tərsesat]

84. Los recursos naturales

recursos (m pl) naturales	**sumber daya alam**	[sumber daja alam]
recursos (m pl) subterráneos	**bahan tambang**	[bahan tambaŋ]
depósitos (m pl)	**endapan**	[endapan]
yacimiento (m)	**ladang**	[ladaŋ]
extraer (vt)	**menambang**	[mənambaŋ]
extracción (f)	**pertambangan**	[pərtambaŋan]
mena (f)	**bijih**	[biʤih]
mina (f)	**tambang**	[tambaŋ]
pozo (m) de mina	**sumur tambang**	[sumur tambaŋ]
minero (m)	**penambang**	[penambaŋ]
gas (m)	**gas**	[gas]
gasoducto (m)	**pipa saluran gas**	[pipa saluran gas]
petróleo (m)	**petroleum, minyak**	[petroleum], [minjaʔ]
oleoducto (m)	**pipa saluran minyak**	[pipa saluran minjaʔ]
pozo (m) de petróleo	**sumur minyak**	[sumur minjaʔ]
torre (f) de sondeo	**menara bor minyak**	[mənara bor minjaʔ]
petrolero (m)	**kapal tangki**	[kapal taŋki]
arena (f)	**pasir**	[pasir]
caliza (f)	**batu kapur**	[batu kapur]
grava (f)	**kerikil**	[kerikil]
turba (f)	**gambut**	[gambut]
arcilla (f)	**tanah liat**	[tanah liat]
carbón (m)	**arang**	[araŋ]
hierro (m)	**besi**	[besi]
oro (m)	**emas**	[emas]
plata (f)	**perak**	[peraʔ]
níquel (m)	**nikel**	[nikel]
cobre (m)	**tembaga**	[tembaga]
zinc (m)	**seng**	[seŋ]
manganeso (m)	**mangan**	[maŋan]
mercurio (m)	**air raksa**	[air raksa]
plomo (m)	**timbal**	[timbal]
mineral (m)	**mineral**	[mineral]

cristal (m)	kristal, hablur	[kristal], [hablur]
mármol (m)	marmer	[marmer]
uranio (m)	uranium	[uranium]

85. El tiempo

tiempo (m)	cuaca	[tʃuatʃa]
previsión (f) del tiempo	prakiraan cuaca	[prakira'an tʃuatʃa]
temperatura (f)	temperatur, suhu	[temperatur], [suhu]
termómetro (m)	termometer	[tərmometər]
barómetro (m)	barometer	[barometer]

| húmedo (adj) | lembap | [lembap] |
| humedad (f) | kelembapan | [kelembapan] |

bochorno (m)	panas, gerah	[panas], [gerah]
tórrido (adj)	panas terik	[panas təri']
hace mucho calor	panas	[panas]

| hace calor (templado) | hangat | [haŋat] |
| templado (adj) | hangat | [haŋat] |

hace frío	dingin	[diŋin]
frío (adj)	dingin	[diŋin]
sol (m)	matahari	[matahari]
brillar (vi)	bersinar	[bərsinar]
soleado (un día ~)	cerah	[tʃerah]
elevarse (el sol)	terbit	[terbit]
ponerse (vr)	terbenam	[tərbenam]

nube (f)	awan	[awan]
nuboso (adj)	berawan	[bərawan]
nubarrón (m)	awan mendung	[awan menduŋ]
nublado (adj)	mendung	[menduŋ]

lluvia (f)	hujan	[hudʒian]
está lloviendo	hujan turun	[hudʒian turun]
lluvioso (adj)	hujan	[hudʒian]
lloviznar (vi)	gerimis	[gerimis]

aguacero (m)	hujan lebat	[hudʒian lebat]
chaparrón (m)	hujan lebat	[hudʒian lebat]
fuerte (la lluvia ~)	lebat	[lebat]
charco (m)	kubangan	[kubaŋan]
mojarse (vr)	kehujanan	[kehudʒianan]

niebla (f)	kabut	[kabut]
nebuloso (adj)	berkabut	[bərkabut]
nieve (f)	salju	[saldʒiu]
está nevando	turun salju	[turun saldʒiu]

86. Los eventos climáticos severos. Los desastres naturales

tormenta (f)	hujan badai	[hudʒ'an badaj]
relámpago (m)	kilat	[kilat]
relampaguear (vi)	berkilau	[bərkilau]
trueno (m)	petir	[petir]
tronar (vi)	bergemuruh	[bərgemuruh]
está tronando	bergemuruh	[bərgemuruh]
granizo (m)	hujan es	[hudʒ'an es]
está granizando	hujan es	[hudʒ'an es]
inundar (vt)	membanjiri	[membandʒiri]
inundación (f)	banjir	[bandʒir]
terremoto (m)	gempa bumi	[gempa bumi]
sacudida (f)	gempa	[gempa]
epicentro (m)	episentrum	[episentrum]
erupción (f)	erupsi, letusan	[erupsi], [letusan]
lava (f)	lava, lahar	[lava], [lahar]
torbellino (m)	puting beliung	[putiŋ beliuŋ]
tornado (m)	tornado	[tornado]
tifón (m)	topan	[topan]
huracán (m)	topan	[topan]
tempestad (f)	badai	[badaj]
tsunami (m)	tsunami	[tsunami]
ciclón (m)	siklon	[siklon]
mal tiempo (m)	cuaca buruk	[tʃuatʃa buruʔ]
incendio (m)	kebakaran	[kebakaran]
catástrofe (f)	bencana	[bentʃana]
meteorito (m)	meteorit	[meteorit]
avalancha (f)	longsor	[loŋsor]
alud (m) de nieve	salju longsor	[saldʒ'u loŋsor]
ventisca (f)	badai salju	[badaj saldʒ'u]
nevasca (f)	badai salju	[badaj saldʒ'u]

LA FAUNA

T&P Books Publishing

carnívoro (m)	predator, pemangsa	[predator], [pemaŋsa]
tigre (m)	harimau	[harimau]
león (m)	singa	[siŋa]
lobo (m)	serigala	[serigala]
zorro (m)	rubah	[rubah]
jaguar (m)	jaguar	[dʒʲaguar]
leopardo (m)	leopard, macan tutul	[leopard], [matʃan tutul]
guepardo (m)	cheetah	[tʃeetah]
pantera (f)	harimau kumbang	[harimau kumbaŋ]
puma (f)	singa gunung	[siŋa gunuŋ]
leopardo (m) de las nieves	harimau bintang salju	[harimau bintaŋ saldʒʲu]
lince (m)	lynx	[links]
coyote (m)	koyote	[koyot]
chacal (m)	jakal	[dʒʲakal]
hiena (f)	hiena	[hiena]

animal (m)	binatang	[binataŋ]
bestia (f)	binatang buas	[binataŋ buas]
ardilla (f)	bajing	[badʒiŋ]
erizo (m)	landak susu	[landaʔ susu]
liebre (f)	terwelu	[tərwelu]
conejo (m)	kelinci	[kelintʃi]
tejón (m)	luak	[luaʔ]
mapache (m)	rakun	[rakun]
hámster (m)	hamster	[hamster]
marmota (f)	marmut	[marmut]
topo (m)	tikus mondok	[tikus mondoʔ]
ratón (m)	tikus	[tikus]
rata (f)	tikus besar	[tikus besar]
murciélago (m)	kelelawar	[kelelawar]
armiño (m)	ermin	[ermin]
cebellina (f)	sabel	[sabel]
marta (f)	marten	[marten]

comadreja (f)	**musang**	[musaŋ]
visón (m)	**cerpelai**	[tʃerpelaj]
castor (m)	**beaver**	[beaver]
nutria (f)	**berang-berang**	[bəraŋ-bəraŋ]
caballo (m)	**kuda**	[kuda]
alce (m)	**rusa besar**	[rusa besar]
ciervo (m)	**rusa**	[rusa]
camello (m)	**unta**	[unta]
bisonte (m)	**bison**	[bison]
uro (m)	**aurochs**	[oroks]
búfalo (m)	**kerbau**	[kerbau]
cebra (f)	**kuda belang**	[kuda belaŋ]
antílope (m)	**antelop**	[antelop]
corzo (m)	**kijang**	[kidʒʲaŋ]
gamo (m)	**rusa**	[rusa]
gamuza (f)	**chamois**	[ʃemva]
jabalí (m)	**babi hutan jantan**	[babi hutan dʒʲantan]
ballena (f)	**ikan paus**	[ikan paus]
foca (f)	**anjing laut**	[andʒiŋ laut]
morsa (f)	**walrus**	[walrus]
oso (m) marino	**anjing laut berbulu**	[andʒiŋ laut bərbulu]
delfín (m)	**lumba-lumba**	[lumba-lumba]
oso (m)	**beruang**	[bəruaŋ]
oso (m) blanco	**beruang kutub**	[bəruaŋ kutub]
panda (f)	**panda**	[panda]
mono (m)	**monyet**	[monjet]
chimpancé (m)	**simpanse**	[simpanse]
orangután (m)	**orang utan**	[oraŋ utan]
gorila (m)	**gorila**	[gorila]
macaco (m)	**kera**	[kera]
gibón (m)	**siamang, ungka**	[siamaŋ], [uŋka]
elefante (m)	**gajah**	[gadʒʲah]
rinoceronte (m)	**badak**	[badaʔ]
jirafa (f)	**jerapah**	[dʒʲerapah]
hipopótamo (m)	**kuda nil**	[kuda nil]
canguro (m)	**kanguru**	[kaŋuru]
koala (f)	**koala**	[koala]
mangosta (f)	**garangan**	[garaŋan]
chinchilla (f)	**chinchilla**	[tʃintʃilla]
mofeta (f)	**sigung**	[siguŋ]
espín (m)	**landak**	[landaʔ]

89. Los animales domésticos

gata (f)	**kucing betina**	[kutʃiŋ betina]
gato (m)	**kucing jantan**	[kutʃiŋ dʒʲantan]
perro (m)	**anjing**	[andʒiŋ]
caballo (m)	**kuda**	[kuda]
garañón (m)	**kuda jantan**	[kuda dʒʲantan]
yegua (f)	**kuda betina**	[kuda betina]
vaca (f)	**sapi**	[sapi]
toro (m)	**sapi jantan**	[sapi dʒʲantan]
buey (m)	**lembu jantan**	[lembu dʒʲantan]
oveja (f)	**domba**	[domba]
carnero (m)	**domba jantan**	[domba dʒʲantan]
cabra (f)	**kambing betina**	[kambiŋ betina]
cabrón (m)	**kambing jantan**	[kambiŋ dʒʲantan]
asno (m)	**keledai**	[keledaj]
mulo (m)	**bagal**	[bagal]
cerdo (m)	**babi**	[babi]
cerdito (m)	**anak babi**	[anaʔ babi]
conejo (m)	**kelinci**	[kelintʃi]
gallina (f)	**ayam betina**	[ajam betina]
gallo (m)	**ayam jago**	[ajam dʒʲago]
pato (m)	**bebek**	[bebeʔ]
ánade (m)	**bebek jantan**	[bebeʔ dʒʲantan]
ganso (m)	**angsa**	[aŋsa]
pavo (m)	**kalkun jantan**	[kalkun dʒʲantan]
pava (f)	**kalkun betina**	[kalkun betina]
animales (m pl) domésticos	**binatang piaraan**	[binataŋ piaraʔan]
domesticado (adj)	**jinak**	[dʒinaʔ]
domesticar (vt)	**menjinakkan**	[mendʒinaʔkan]
criar (vt)	**membiakkan**	[membiaʔkan]
granja (f)	**peternakan**	[peternakan]
aves (f pl) de corral	**unggas**	[uŋgas]
ganado (m)	**ternak**	[ternaʔ]
rebaño (m)	**kawanan**	[kawanan]
caballeriza (f)	**kandang kuda**	[kandaŋ kuda]
porqueriza (f)	**kandang babi**	[kandaŋ babi]
vaquería (f)	**kandang sapi**	[kandaŋ sapi]
conejal (m)	**sangkar kelinci**	[saŋkar kelintʃi]
gallinero (m)	**kandang ayam**	[kandaŋ ajam]

90. Los pájaros

pájaro (m)	**burung**	[buruŋ]
paloma (f)	**burung dara**	[buruŋ dara]
gorrión (m)	**burung gereja**	[buruŋ geredʒ¹a]
carbonero (m)	**burung tit**	[buruŋ tit]
urraca (f)	**burung murai**	[buruŋ muraj]
cuervo (m)	**burung raven**	[buruŋ raven]
corneja (f)	**burung gagak**	[buruŋ gagaʔ]
chova (f)	**burung gagak kecil**	[buruŋ gagaʔ ketʃil]
grajo (m)	**burung rook**	[buruŋ rooʔ]
pato (m)	**bebek**	[bebeʔ]
ganso (m)	**angsa**	[aŋsa]
faisán (m)	**burung kuau**	[buruŋ kuau]
águila (f)	**rajawali**	[radʒ¹awali]
azor (m)	**elang**	[elaŋ]
halcón (m)	**alap-alap**	[alap-alap]
buitre (m)	**hering**	[heriŋ]
cóndor (m)	**kondor**	[kondor]
cisne (m)	**angsa**	[aŋsa]
grulla (f)	**burung jenjang**	[buruŋ dʒ¹endʒ¹aŋ]
cigüeña (f)	**bangau**	[baŋau]
loro (m), papagayo (m)	**burung nuri**	[buruŋ nuri]
colibrí (m)	**burung kolibri**	[buruŋ kolibri]
pavo (m) real	**burung merak**	[buruŋ meraʔ]
avestruz (m)	**burung unta**	[buruŋ unta]
garza (f)	**kuntul**	[kuntul]
flamenco (m)	**burung flamingo**	[buruŋ flamiŋo]
pelícano (m)	**pelikan**	[pelikan]
ruiseñor (m)	**burung bulbul**	[buruŋ bulbul]
golondrina (f)	**burung walet**	[buruŋ walet]
tordo (m)	**burung jalak**	[buruŋ dʒ¹alaʔ]
zorzal (m)	**burung jalak suren**	[buruŋ dʒ¹alaʔ suren]
mirlo (m)	**burung jalak hitam**	[buruŋ dʒ¹alaʔ hitam]
vencejo (m)	**burung apus-apus**	[buruŋ apus-apus]
alondra (f)	**burung lark**	[buruŋ larʔ]
codorniz (f)	**burung puyuh**	[buruŋ puyuh]
pájaro carpintero (m)	**burung pelatuk**	[buruŋ pelatuʔ]
cuco (m)	**burung kukuk**	[buruŋ kukuʔ]
lechuza (f)	**burung hantu**	[buruŋ hantu]
búho (m)	**burung hantu bertanduk**	[buruŋ hantu bərtanduʔ]

urogallo (m)	burung murai kayu	[buruŋ muraj kaju]
gallo lira (m)	burung belibis hitam	[buruŋ belibis hitam]
perdiz (f)	ayam hutan	[ajam hutan]
estornino (m)	burung starling	[buruŋ starliŋ]
canario (m)	burung kenari	[buruŋ kenari]
ortega (f)	ayam hutan hazel	[ajam hutan hazel]
pinzón (m)	burung chaffinch	[buruŋ ʧaffinʧ]
camachuelo (m)	burung bullfinch	[buruŋ bullfinʧ]
gaviota (f)	burung camar	[buruŋ ʧamar]
albatros (m)	albatros	[albatros]
pingüino (m)	penguin	[peŋuin]

91. Los peces. Los animales marinos

brema (f)	ikan bream	[ikan bream]
carpa (f)	ikan karper	[ikan karper]
perca (f)	ikan tilapia	[ikan tilapia]
siluro (m)	lais junggang	[lajs ʤʲuŋgaŋ]
lucio (m)	ikan pike	[ikan paik]
salmón (m)	salmon	[salmon]
esturión (m)	ikan sturgeon	[ikan sturʤʲen]
arenque (m)	ikan haring	[ikan hariŋ]
salmón (m) del Atlántico	ikan salem	[ikan salem]
caballa (f)	ikan kembung	[ikan kembuŋ]
lenguado (m)	ikan sebelah	[ikan sebelah]
lucioperca (f)	ikan seligi tenggeran	[ikan seligi teŋgeran]
bacalao (m)	ikan kod	[ikan kod]
atún (m)	tuna	[tuna]
trucha (f)	ikan forel	[ikan forel]
anguila (f)	belut	[belut]
raya (f) eléctrica	ikan pari listrik	[ikan pari listriʔ]
morena (f)	belut moray	[belut morey]
piraña (f)	ikan piranha	[ikan piranha]
tiburón (m)	ikan hiu	[ikan hiu]
delfín (m)	lumba-lumba	[lumba-lumba]
ballena (f)	ikan paus	[ikan paus]
centolla (f)	kepiting	[kepitiŋ]
medusa (f)	ubur-ubur	[ubur-ubur]
pulpo (m)	gurita	[gurita]
estrella (f) de mar	bintang laut	[bintaŋ laut]
erizo (m) de mar	landak laut	[landaʔ laut]

caballito (m) de mar	kuda laut	[kuda laut]
ostra (f)	tiram	[tiram]
camarón (m)	udang	[udaŋ]
bogavante (m)	udang karang	[udaŋ karaŋ]
langosta (f)	lobster berduri	[lobster bərduri]

92. Los anfibios. Los reptiles

serpiente (f)	ular	[ular]
venenoso (adj)	berbisa	[bərbisa]
víbora (f)	ular viper	[ular viper]
cobra (f)	kobra	[kobra]
pitón (m)	ular sanca	[ular santʃa]
boa (f)	ular boa	[ular boa]
culebra (f)	ular tanah	[ular tanah]
serpiente (m) de cascabel	ular derik	[ular deriʔ]
anaconda (f)	ular anakonda	[ular anakonda]
lagarto (m)	kadal	[kadal]
iguana (f)	iguana	[iguana]
varano (m)	biawak	[biawaʔ]
salamandra (f)	salamander	[salamander]
camaleón (m)	bunglon	[buŋlon]
escorpión (m)	kalajengking	[kaladʒʲeŋkiŋ]
tortuga (f)	kura-kura	[kura-kura]
rana (f)	katak	[kataʔ]
sapo (m)	kodok	[kodoʔ]
cocodrilo (m)	buaya	[buaja]

93. Los insectos

insecto (m)	serangga	[seraŋga]
mariposa (f)	kupu-kupu	[kupu-kupu]
hormiga (f)	semut	[semut]
mosca (f)	lalat	[lalat]
mosquito (m) (picadura de ~)	nyamuk	[njamuʔ]
escarabajo (m)	kumbang	[kumbaŋ]
avispa (f)	tawon	[tawon]
abeja (f)	lebah	[lebah]
abejorro (m)	kumbang	[kumbaŋ]
moscardón (m)	lalat kerbau	[lalat kerbau]
araña (f)	laba-laba	[laba-laba]
telaraña (f)	sarang laba-laba	[saraŋ laba-laba]

libélula (f)	**capung**	[ʧapuŋ]
saltamontes (m)	**belalang**	[belalaŋ]
mariposa (f) nocturna	**ngengat**	[ŋeŋat]
cucaracha (f)	**kecoa**	[keʧoa]
garrapata (f)	**kutu**	[kutu]
pulga (f)	**kutu loncat**	[kutu lonʧat]
mosca (f) negra	**agas**	[agas]
langosta (f)	**belalang**	[belalaŋ]
caracol (m)	**siput**	[siput]
grillo (m)	**jangkrik**	[dʒˈaŋkriʔ]
luciérnaga (f)	**kunang-kunang**	[kunaŋ-kunaŋ]
mariquita (f)	**kumbang koksi**	[kumbaŋ koksi]
sanjuanero (m)	**kumbang Cockchafer**	[kumbaŋ kokʃafer]
sanguijuela (f)	**lintah**	[lintah]
oruga (f)	**ulat**	[ulat]
lombriz (m) de tierra	**cacing**	[ʧaʧiŋ]
larva (f)	**larva**	[larva]

LA FLORA

T&P Books Publishing

árbol (m)	**pohon**	[pohon]
foliáceo (adj)	**daun luruh**	[daun luruh]
conífero (adj)	**pohon jarum**	[pohon dʒarum]
de hoja perenne	**selalu hijau**	[selalu hidʒau]
manzano (m)	**pohon apel**	[pohon apel]
peral (m)	**pohon pir**	[pohon pir]
cerezo (m)	**pohon ceri manis**	[pohon tʃeri manis]
guindo (m)	**pohon ceri asam**	[pohon tʃeri asam]
ciruelo (m)	**pohon plum**	[pohon plum]
abedul (m)	**pohon berk**	[pohon bərʔ]
roble (m)	**pohon eik**	[pohon eiʔ]
tilo (m)	**pohon linden**	[pohon linden]
pobo (m)	**pohon aspen**	[pohon aspen]
arce (m)	**pohon mapel**	[pohon mapel]
pícea (f)	**pohon den**	[pohon den]
pino (m)	**pohon pinus**	[pohon pinus]
alerce (m)	**pohon larch**	[pohon lartʃ]
abeto (m)	**pohon fir**	[pohon fir]
cedro (m)	**pohon aras**	[pohon aras]
álamo (m)	**pohon poplar**	[pohon poplar]
serbal (m)	**pohon rowan**	[pohon rowan]
sauce (m)	**pohon dedalu**	[pohon dedalu]
aliso (m)	**pohon alder**	[pohon alder]
haya (f)	**pohon nothofagus**	[pohon notofagus]
olmo (m)	**pohon elm**	[pohon elm]
fresno (m)	**pohon abu**	[pohon abu]
castaño (m)	**kastanye**	[kastanje]
magnolia (f)	**magnolia**	[magnolia]
palmera (f)	**palem**	[palem]
ciprés (m)	**pokok cipres**	[pokoʔ sipres]
mangle (m)	**bakau**	[bakau]
baobab (m)	**baobab**	[baobab]
eucalipto (m)	**kayu putih**	[kaju putih]
secoya (f)	**sequoia**	[sekuoia]

95. Los arbustos

mata (f)	**rumpun**	[rumpun]
arbusto (m)	**semak**	[sema']
vid (f)	**pohon anggur**	[pohon aŋgur]
viñedo (m)	**kebun anggur**	[kebun aŋgur]
frambueso (m)	**pohon frambus**	[pohon frambus]
grosellero (m) negro	**pohon blackcurrant**	[pohon ble'karen]
grosellero (m) rojo	**pohon redcurrant**	[pohon redkaren]
grosellero (m) espinoso	**pohon arbei hijau**	[pohon arbei hidʒʲau]
acacia (f)	**pohon akasia**	[pohon akasia]
berberís (m)	**pohon barberis**	[pohon barberis]
jazmín (m)	**melati**	[melati]
enebro (m)	**pohon juniper**	[pohon dʒʲuniper]
rosal (m)	**pohon mawar**	[pohon mawar]
escaramujo (m)	**pohon mawar liar**	[pohon mawar liar]

96. Las frutas. Las bayas

fruto (m)	**buah**	[buah]
frutos (m pl)	**buah-buahan**	[buah-buahan]
manzana (f)	**apel**	[apel]
pera (f)	**pir**	[pir]
ciruela (f)	**plum**	[plum]
fresa (f)	**stroberi**	[stroberi]
guinda (f)	**buah ceri asam**	[buah tʃeri asam]
cereza (f)	**buah ceri manis**	[buah tʃeri manis]
uva (f)	**buah anggur**	[buah aŋgur]
frambuesa (f)	**buah frambus**	[buah frambus]
grosella (f) negra	**blackcurrant**	[ble'karen]
grosella (f) roja	**redcurrant**	[redkaren]
grosella (f) espinosa	**buah arbei hijau**	[buah arbei hidʒʲau]
arándano (m) agrio	**buah kranberi**	[buah kranberi]
naranja (f)	**jeruk manis**	[dʒʲeru' manis]
mandarina (f)	**jeruk mandarin**	[dʒʲeru' mandarin]
piña (f)	**nanas**	[nanas]
banana (f)	**pisang**	[pisaŋ]
dátil (m)	**buah kurma**	[buah kurma]
limón (m)	**jeruk sitrun**	[dʒʲeru' sitrun]
albaricoque (m)	**aprikot**	[aprikot]

melocotón (m)	persik	[persiʔ]
kiwi (m)	kiwi	[kiwi]
toronja (f)	jeruk Bali	[dʒˈeruˀ bali]

baya (f)	buah beri	[buah bəri]
bayas (f pl)	buah-buah beri	[buah-buah bəri]
arándano (m) rojo	buah cowberry	[buah kowberi]
fresa (f) silvestre	stroberi liar	[stroberi liar]
arándano (m)	buah bilberi	[buah bilberi]

97. Las flores. Las plantas

| flor (f) | bunga | [buŋa] |
| ramo (m) de flores | buket | [buket] |

rosa (f)	mawar	[mawar]
tulipán (m)	tulip	[tulip]
clavel (m)	bunga anyelir	[buŋa anjelir]
gladiolo (m)	bunga gladiol	[buŋa gladiol]

aciano (m)	cornflower	[kornflawa]
campanilla (f)	bunga lonceng biru	[buŋa lontʃeŋ biru]
diente (m) de león	dandelion	[dandelion]
manzanilla (f)	bunga margrit	[buŋa margrit]

áloe (m)	lidah buaya	[lidah buaja]
cacto (m)	kaktus	[kaktus]
ficus (m)	pohon ara	[pohon ara]

azucena (f)	bunga lili	[buŋa lili]
geranio (m)	geranium	[geranium]
jacinto (m)	bunga bakung lembayung	[buŋa bakuŋ lembajuŋ]

mimosa (f)	putri malu	[putri malu]
narciso (m)	bunga narsis	[buŋa narsis]
capuchina (f)	bunga nasturtium	[buŋa nasturtium]

orquídea (f)	anggrek	[aŋgreʔ]
peonía (f)	bunga peoni	[buŋa peoni]
violeta (f)	bunga violet	[buŋa violet]

trinitaria (f)	bunga pansy	[buŋa pansi]
nomeolvides (f)	bunga jangan-lupakan-daku	[buŋa dʒˈaŋan-lupakan-daku]
margarita (f)	bunga desi	[buŋa desi]

amapola (f)	bunga madat	[buŋa madat]
cáñamo (m)	rami	[rami]
menta (f)	mint	[min]

muguete (m)	lili lembah	[lili lembah]
campanilla (f) de las nieves	bunga tetesan salju	[buŋa tetesan saldʒʲu]
ortiga (f)	jelatang	[dʒʲelataŋ]
acedera (f)	daun sorrel	[daun sorrel]
nenúfar (m)	lili air	[lili air]
helecho (m)	pakis	[pakis]
liquen (m)	lichen	[litʃen]
invernadero (m) tropical	rumah kaca	[rumah katʃa]
césped (m)	halaman berumput	[halaman bərumput]
macizo (m) de flores	bedeng bunga	[bedeŋ buŋa]
planta (f)	tumbuhan	[tumbuhan]
hierba (f)	rumput	[rumput]
hoja (f) de hierba	sehelai rumput	[sehelaj rumput]
hoja (f)	daun	[daun]
pétalo (m)	kelopak	[kelopaʔ]
tallo (m)	batang	[bataŋ]
tubérculo (m)	ubi	[ubi]
retoño (m)	tunas	[tunas]
espina (f)	duri	[duri]
florecer (vi)	berbunga	[bərbuŋa]
marchitarse (vr)	layu	[laju]
olor (m)	bau	[bau]
cortar (vt)	memotong	[memotoŋ]
coger (una flor)	memetik	[memetiʔ]

98. Los cereales, los granos

grano (m)	biji-bijian	[bidʒi-bidʒian]
cereales (m pl) (plantas)	padi-padian	[padi-padian]
espiga (f)	bulir	[bulir]
trigo (m)	gandum	[gandum]
centeno (m)	gandum hitam	[gandum hitam]
avena (f)	oat	[oat]
mijo (m)	jawawut	[dʒʲawawut]
cebada (f)	jelai	[dʒʲelaj]
maíz (m)	jagung	[dʒʲaguŋ]
arroz (m)	beras	[beras]
alforfón (m)	buckwheat	[bakvit]
guisante (m)	kacang polong	[katʃaŋ poloŋ]
fréjol (m)	kacang buncis	[katʃaŋ buntʃis]
soya (f)	kacang kedelai	[katʃaŋ kedelaj]

lenteja (f)	**kacang lentil**	[katʃaŋ lentil]
habas (f pl)	**kacang-kacangan**	[katʃaŋ-katʃaŋan]

T&P BOOKS

LOS PAÍSES

T&P Books Publishing

Afganistán (m)	**Afghanistan**	[afganistan]
Albania (f)	**Albania**	[albania]
Alemania (f)	**Jerman**	[dʒˈerman]
Arabia (f) Saudita	**Arab Saudi**	[arab saudi]
Argentina (f)	**Argentina**	[argentina]
Armenia (f)	**Armenia**	[armenia]
Australia (f)	**Australia**	[australia]
Austria (f)	**Austria**	[austria]
Azerbaiyán (m)	**Azerbaijan**	[azerbajdʒˈan]
Bangladesh (m)	**Bangladesh**	[baŋladeʃ]
Bélgica (f)	**Belgia**	[belgia]
Bielorrusia (f)	**Belarusia**	[belarusia]
Bolivia (f)	**Bolivia**	[bolivia]
Bosnia y Herzegovina	**Bosnia-Hercegovina**	[bosnia-hersegovina]
Brasil (m)	**Brasil**	[brasil]
Bulgaria (f)	**Bulgaria**	[bulgaria]
Camboya (f)	**Kamboja**	[kambodʒˈa]
Canadá (f)	**Kanada**	[kanada]
Chequia (f)	**Republik Ceko**	[republiˀ tʃeko]
Chile (m)	**Chili**	[tʃili]
China (f)	**Tiongkok**	[tjoŋkoˀ]
Chipre (m)	**Siprus**	[siprus]
Colombia (f)	**Kolombia**	[kolombia]
Corea (f) del Norte	**Korea Utara**	[korea utara]
Corea (f) del Sur	**Korea Selatan**	[korea selatan]
Croacia (f)	**Kroasia**	[kroasia]
Cuba (f)	**Kuba**	[kuba]
Dinamarca (f)	**Denmark**	[denmarˀ]
Ecuador (m)	**Ekuador**	[ekuador]
Egipto (m)	**Mesir**	[mesir]
Emiratos (m pl) Árabes Unidos	**Uni Emirat Arab**	[uni emirat arab]
Escocia (f)	**Skotlandia**	[skotlandia]
Eslovaquia (f)	**Slowakia**	[slowakia]
Eslovenia	**Slovenia**	[slovenia]
España (f)	**Spanyol**	[spanjol]
Estados Unidos de América	**Amerika Serikat**	[amerika serikat]
Estonia (f)	**Estonia**	[estonia]
Finlandia (f)	**Finlandia**	[finlandia]
Francia (f)	**Prancis**	[prantʃis]

100. Los países. Unidad 2

Georgia (f)	**Georgia**	[dʒordʒia]
Ghana (f)	**Ghana**	[gana]
Gran Bretaña (f)	**Britania Raya**	[britania raja]
Grecia (f)	**Yunani**	[yunani]
Haití (m)	**Haiti**	[haiti]
Hungría (f)	**Hongaria**	[hoŋaria]
India (f)	**India**	[india]
Indonesia (f)	**Indonesia**	[indonesia]
Inglaterra (f)	**Inggris**	[iŋgris]
Irak (m)	**Irak**	[ira']
Irán (m)	**Iran**	[iran]
Irlanda (f)	**Irlandia**	[irlandia]
Islandia (f)	**Islandia**	[islandia]
Islas (f pl) Bahamas	**Kepulauan Bahama**	[kepulauan bahama]
Israel (m)	**Israel**	[israel]
Italia (f)	**Italia**	[italia]
Jamaica (f)	**Jamaika**	[dʒ¦amajka]
Japón (m)	**Jepang**	[dʒ¦epaŋ]
Jordania (f)	**Yordania**	[yordania]
Kazajstán (m)	**Kazakistan**	[kazakstan]
Kenia (f)	**Kenya**	[kenia]
Kirguizistán (m)	**Kirgizia**	[kirgizia]
Kuwait (m)	**Kuwait**	[kuweyt]
Laos (m)	**Laos**	[laos]
Letonia (f)	**Latvia**	[latvia]
Líbano (m)	**Lebanon**	[lebanon]
Libia (f)	**Libia**	[libia]
Liechtenstein (m)	**Liechtenstein**	[lajhtensteyn]
Lituania (f)	**Lituania**	[lituania]
Luxemburgo (m)	**Luksemburg**	[luksemburg]
Macedonia	**Makedonia**	[makedonia]
Madagascar (m)	**Madagaskar**	[madagaskar]
Malasia (f)	**Malaysia**	[malajsia]
Malta (f)	**Malta**	[malta]
Marruecos (m)	**Maroko**	[maroko]
Méjico (m)	**Meksiko**	[meksiko]
Moldavia (f)	**Moldova**	[moldova]
Mónaco (m)	**Monako**	[monako]
Mongolia (f)	**Mongolia**	[moŋolia]
Montenegro (m)	**Montenegro**	[montenegro]
Myanmar (m)	**Myanmar**	[myanmar]

101. Los países. Unidad 3

Namibia (f)	**Namibia**	[namibia]
Nepal (m)	**Nepal**	[nepal]
Noruega (f)	**Norwegia**	[norwegia]
Nueva Zelanda (f)	**Selandia Baru**	[selandia baru]
Países Bajos (m pl)	**Belanda**	[belanda]
Pakistán (m)	**Pakistan**	[pakistan]
Palestina (f)	**Palestina**	[palestina]
Panamá (f)	**Panama**	[panama]
Paraguay (m)	**Paraguay**	[paraguaj]
Perú (m)	**Peru**	[peru]
Polinesia (f) Francesa	**Polinesia Prancis**	[polinesia prantʃis]
Polonia (f)	**Polandia**	[polandia]
Portugal (m)	**Portugal**	[portugal]
República (f) Dominicana	**Republik Dominika**	[republiʔ dominika]
República (f) Sudafricana	**Afrika Selatan**	[afrika selatan]
Rumania (f)	**Romania**	[romania]
Rusia (f)	**Rusia**	[rusia]
Senegal (m)	**Senegal**	[senegal]
Serbia (f)	**Serbia**	[serbia]
Siria (f)	**Suriah**	[suriah]
Suecia (f)	**Swedia**	[swedia]
Suiza (f)	**Swiss**	[swiss]
Surinam (m)	**Suriname**	[suriname]
Tayikistán (m)	**Tajikistan**	[tadʒikistan]
Tailandia (f)	**Thailand**	[tajland]
Taiwán (m)	**Taiwan**	[tajwan]
Tanzania (f)	**Tanzania**	[tanzania]
Tasmania (f)	**Tasmania**	[tasmania]
Túnez (m)	**Tunisia**	[tunisia]
Turkmenistán (m)	**Turkmenistan**	[turkmenistan]
Turquía (f)	**Turki**	[turki]
Ucrania (f)	**Ukraina**	[ukrajna]
Uruguay (m)	**Uruguay**	[uruguaj]
Uzbekistán (m)	**Uzbekistan**	[uzbekistan]
Vaticano (m)	**Vatikan**	[vatikan]
Venezuela (f)	**Venezuela**	[venezuela]
Vietnam (m)	**Vietnam**	[vjetnam]
Zanzíbar (m)	**Zanzibar**	[zanzibar]

GLOSARIO GASTRONÓMICO

Esta sección contiene una
gran cantidad de palabras y
términos asociados con la
comida. Este diccionario le hará
más fácil la comprensión
del menú de un restaurante y
la elección del plato adecuado

T&P Books Publishing

Español-Indonesio glosario gastronómico

Español	Indonesio	Pronunciación
¡Que aproveche!	**Selamat makan!**	[selamat makan!]
abrebotellas (m)	**pembuka botol**	[pembuka botol]
abrelatas (m)	**pembuka kaleng**	[pembuka kaleŋ]
aceite (m) de girasol	**minyak bunga matahari**	[minja' buŋa matahari]
aceite (m) de oliva	**minyak zaitun**	[minja' zajtun]
aceite (m) vegetal	**minyak nabati**	[minja' nabati]
agua (f)	**air**	[air]
agua (f) mineral	**air mineral**	[air mineral]
agua (f) potable	**air minum**	[air minum]
aguacate (m)	**avokad**	[avokad]
ahumado (adj)	**asap**	[asap]
ajo (m)	**bawang putih**	[bawaŋ putih]
albahaca (f)	**selasih**	[selasih]
albaricoque (m)	**aprikot**	[aprikot]
alcachofa (f)	**artisyok**	[artiʃo']
alforfón (m)	**buckwheat**	[bakvit]
almendra (f)	**badam**	[badam]
almuerzo (m)	**makan siang**	[makan siaŋ]
amargo (adj)	**pahit**	[pahit]
anís (m)	**adas manis**	[adas manis]
anguila (f)	**belut**	[belut]
aperitivo (m)	**aperitif**	[aperitif]
apetito (m)	**nafsu makan**	[nafsu makan]
apio (m)	**seledri**	[seledri]
arándano (m)	**buah bilberi**	[buah bilberi]
arándano (m) agrio	**buah kranberi**	[buah kranberi]
arándano (m) rojo	**buah cowberry**	[buah kowberi]
arenque (m)	**ikan haring**	[ikan hariŋ]
arroz (m)	**beras, nasi**	[beras], [nasi]
atún (m)	**tuna**	[tuna]
avellana (f)	**kacang hazel**	[katʃaŋ hazel]
avena (f)	**oat**	[oat]
azúcar (m)	**gula**	[gula]
azafrán (m)	**kuma-kuma**	[kuma-kuma]
azucarado, dulce (adj)	**manis**	[manis]
bacalao (m)	**ikan kod**	[ikan kod]
banana (f)	**pisang**	[pisaŋ]
bar (m)	**bar**	[bar]
barman (m)	**pelayan bar**	[pelajan bar]
batido (m)	**susu kocok**	[susu kotʃo']
baya (f)	**buah beri**	[buah beri]
bayas (f pl)	**buah-buah beri**	[buah-buah beri]
bebida (f) sin alcohol	**minuman ringan**	[minuman riŋan]
bebidas (f pl) alcohólicas	**minoman beralkohol**	[minoman beralkohol]

beicon (m)	**bakon**	[beykon]
berenjena (f)	**terung, terong**	[teruŋ], [teroŋ]
bistec (m)	**bistik**	[bistiʔ]
bocadillo (m)	**roti lapis**	[roti lapis]
boleto (m) áspero	**jamur boletus berk**	[dʒ^jamur boletus berʔ]
boleto (m) castaño	**jamur topi jingga**	[dʒ^jamur topi dʒiŋga]
brócoli (m)	**brokoli**	[brokoli]
brema (f)	**ikan bream**	[ikan bream]
cóctel (m)	**koktail**	[koktajl]
caballa (f)	**ikan kembung**	[ikan kembuŋ]
cacahuete (m)	**kacang tanah**	[katʃaŋ tanah]
café (m)	**kopi**	[kopi]
café (m) con leche	**kopi susu**	[kopi susu]
café (m) solo	**kopi pahit**	[kopi pahit]
café (m) soluble	**kopi instan**	[kopi instan]
calabacín (m)	**labu siam**	[labu siam]
calabaza (f)	**labu**	[labu]
calamar (m)	**cumi-cumi**	[tʃumi-tʃumi]
caldo (m)	**kaldu**	[kaldu]
caliente (adj)	**panas**	[panas]
caloría (f)	**kalori**	[kalori]
camarón (m)	**udang**	[udaŋ]
camarera (f)	**pelayan perempuan**	[pelajan perempuan]
camarero (m)	**pelayan lelaki**	[pelajan lelaki]
canela (f)	**kayu manis**	[kaju manis]
cangrejo (m) de mar	**kepiting**	[kepitiŋ]
capuchino (m)	**cappuccino**	[kaputʃino]
caramelo (m)	**permen**	[permen]
carbohidratos (m pl)	**karbohidrat**	[karbohidrat]
carne (f)	**daging**	[dagiŋ]
carne (f) de carnero	**daging domba**	[dagiŋ domba]
carne (f) de cerdo	**daging babi**	[dagiŋ babi]
carne (f) de ternera	**daging anak sapi**	[dagiŋ anaʔ sapi]
carne (f) de vaca	**daging sapi**	[dagiŋ sapi]
carne (f) picada	**daging giling**	[dagiŋ giliŋ]
carpa (f)	**ikan karper**	[ikan karper]
carta (f) de vinos	**daftar anggur**	[daftar aŋgur]
carta (f), menú (m)	**menu**	[menu]
caviar (m)	**caviar**	[kaviar]
caza (f) menor	**binatang buruan**	[binataŋ buruan]
cebada (f)	**jelai**	[dʒ^jelaj]
cebolla (f)	**bawang**	[bawaŋ]
cena (f)	**makan malam**	[makan malam]
centeno (m)	**gandum hitam**	[gandum hitam]
cereales (m pl)	**padi-padian**	[padi-padian]
cereales (m pl) integrales	**menir**	[menir]
cereza (f)	**buah ceri manis**	[buah tʃeri manis]
cerveza (f)	**bir**	[bir]
cerveza (f) negra	**bir hitam**	[bir hitam]
cerveza (f) rubia	**bir putih**	[bir putih]
champaña (f)	**sampanye**	[sampanje]
chicle (m)	**permen karet**	[permen karet]

chocolate (m)	cokelat	[tʃokelat]
cilantro (m)	ketumbar	[ketumbar]
ciruela (f)	plum	[plum]
clara (f)	putih telur	[putih telur]
clavo (m)	cengkih	[tʃeŋkih]
coñac (m)	konyak	[konjaʔ]
cocido en agua (adj)	rebus	[rebus]
cocina (f)	masakan	[masakan]
col (f)	kol	[kol]
col (f) de Bruselas	kol Brussels	[kol brusels]
coliflor (f)	kembang kol	[kembaŋ kol]
colmenilla (f)	jamur morel	[dʒˈamur morel]
comida (f)	makanan	[makanan]
comino (m)	jintan	[dʒintan]
con gas	bergas	[bergas]
con hielo	dengan es	[deŋan es]
condimento (m)	bumbu	[bumbu]
conejo (m)	kelinci	[kelintʃi]
confitura (f)	selai	[selaj]
confitura (f)	selai buah utuh	[selaj buah utuh]
congelado (adj)	beku	[beku]
conservas (f pl)	makanan kalengan	[makanan kaleŋan]
copa (f) de vino	gelas anggur	[gelas aŋgur]
copos (m pl) de maíz	emping jagung	[empiŋ dʒˈaguŋ]
crema (f) de mantequilla	krim	[krim]
crustáceos (m pl)	krustasea	[krustasea]
cuchara (f)	sendok	[sendoʔ]
cuchara (f) de sopa	sendok makan	[sendoʔ makan]
cucharilla (f)	sendok teh	[sendoʔ teh]
cuchillo (m)	pisau	[pisau]
cuenta (f)	bon	[bon]
dátil (m)	buah kurma	[buah kurma]
de chocolate (adj)	cokelat	[tʃokelat]
desayuno (m)	makan pagi, sarapan	[makan pagi], [sarapan]
dieta (f)	diet, pola makan	[diet], [pola makan]
eneldo (m)	adas sowa	[adas sowa]
ensalada (f)	salada	[salada]
entremés (m)	makanan ringan	[makanan riŋan]
espárrago (m)	asparagus	[asparagus]
espagueti (m)	spageti	[spageti]
especia (f)	rempah-rempah	[rempah-rempah]
espiga (f)	bulir	[bulir]
espinaca (f)	bayam	[bajam]
esturión (m)	ikan sturgeon	[ikan sturdʒˈen]
fletán (m)	ikan turbot	[ikan turbot]
fréjol (m)	kacang buncis	[katʃaŋ buntʃis]
frío (adj)	dingin	[diŋin]
frambuesa (f)	buah frambus	[buah frambus]
fresa (f)	stroberi	[stroberi]
fresa (f) silvestre	stroberi liar	[stroberi liar]
frito (adj)	goreng	[goreŋ]
fruto (m)	buah	[buah]

frutos (m pl)	buah-buahan	[buah-buahan]
gachas (f pl)	bubur	[bubur]
galletas (f pl)	biskuit	[biskuit]
gallina (f)	ayam	[ajam]
ganso (m)	angsa	[aŋsa]
gaseoso (adj)	berkarbonasi	[bərkarbonasi]
ginebra (f)	jin, jenewer	[dʒin], [dʒˈenewer]
gofre (m)	wafel	[wafel]
granada (f)	buah delima	[buah delima]
grano (m)	biji-bijian	[bidʒi-bidʒian]
grasas (f pl)	lemak	[lemaʔ]
grosella (f) espinosa	buah arbei hijau	[buah arbei hidʒˈau]
grosella (f) negra	blackcurrant	[bleʔkaren]
grosella (f) roja	redcurrant	[redkaren]
guarnición (f)	lauk	[lauʔ]
guinda (f)	buah ceri asam	[buah tʃeri asam]
guisante (m)	kacang polong	[katʃaŋ poloŋ]
hígado (m)	hati	[hati]
habas (f pl)	kacang-kacangan	[katʃaŋ-katʃaŋan]
hamburguesa (f)	hamburger	[hamburger]
harina (f)	tepung	[tepuŋ]
helado (m)	es krim	[es krim]
hielo (m)	es	[es]
higo (m)	buah ara	[buah ara]
hoja (f) de laurel	daun salam	[daun salam]
huevo (m)	telur	[telur]
huevos (m pl)	telur	[telur]
huevos (m pl) fritos	telur mata sapi	[telur mata sapi]
jamón (m)	ham, daging kornet	[ham], [dagiŋ kornet]
jamón (m) fresco	ham	[ham]
jengibre (m)	jahe	[dʒˈahe]
jugo (m) de tomate	jus tomat	[dʒˈus tomat]
kiwi (m)	kiwi	[kiwi]
langosta (f)	lobster berduri	[lobster bərduri]
leche (f)	susu	[susu]
leche (f) condensada	susu kental	[susu kental]
lechuga (f)	selada	[selada]
legumbres (f pl)	sayuran	[sajuran]
lengua (f)	lidah	[lidah]
lenguado (m)	ikan sebelah	[ikan sebelah]
lenteja (f)	kacang lentil	[katʃaŋ lentil]
licor (m)	likeur	[likeur]
limón (m)	jeruk sitrun	[dʒˈeruʔ sitrun]
limonada (f)	limun	[limun]
loncha (f)	irisan	[irisan]
lucio (m)	ikan pike	[ikan paik]
lucioperca (f)	ikan seligi tenggeran	[ikan seligi teŋgeran]
maíz (m)	jagung	[dʒˈaguŋ]
maíz (m)	jagung	[dʒˈaguŋ]
macarrones (m pl)	makaroni	[makaroni]
mandarina (f)	jeruk mandarin	[dʒˈeruʔ mandarin]
mango (m)	mangga	[maŋga]

mantequilla (f)	mentega	[məntega]
manzana (f)	apel	[apel]
margarina (f)	margarin	[margarin]
marinado (adj)	marinade	[marinade]
mariscos (m pl)	makanan laut	[makanan laut]
matamoscas (m)	jamur Amanita muscaria	[dʒɪamur amanita mustʃaria]
mayonesa (f)	mayones	[majones]
melón (m)	melon	[melon]
melocotón (m)	persik	[persiʔ]
mermelada (f)	marmelade	[marmelade]
miel (f)	madu	[madu]
miga (f)	remah	[remah]
mijo (m)	jawawut	[dʒɪawawut]
mini tarta (f)	kue	[kue]
mondadientes (m)	tusuk gigi	[tusuʔ gigi]
mostaza (f)	mustar	[mustar]
nabo (m)	turnip	[turnip]
naranja (f)	jeruk manis	[dʒɪeruʔ manis]
nata (f) agria	krim asam	[krim asam]
nata (f) líquida	krim, kepala susu	[krim], [kepala susu]
nuez (f)	buah walnut	[buah walnut]
nuez (f) de coco	buah kelapa	[buah kelapa]
olivas, aceitunas (f pl)	buah zaitun	[buah zajtun]
oronja (f) verde	jamur topi kematian	[dʒɪamur topi kematian]
ostra (f)	tiram	[tiram]
pan (m)	roti	[roti]
papaya (f)	pepaya	[pepaja]
paprika (f)	cabai	[tʃabaj]
pasas (f pl)	kismis	[kismis]
pasteles (m pl)	kue-mue	[kue-mue]
paté (m)	pasta	[pasta]
patata (f)	kentang	[kentaŋ]
pato (m)	bebek	[bebeʔ]
pava (f)	kalkun	[kalkun]
pedazo (m)	potongan	[potoŋan]
pepino (m)	mentimun, ketimun	[məntimun], [ketimun]
pera (f)	pir	[pir]
perca (f)	ikan tilapia	[ikan tilapia]
perejil (m)	peterseli	[peterseli]
pescado (m)	ikan	[ikan]
piña (f)	nanas	[nanas]
piel (f)	kulit	[kulit]
pimienta (f) negra	merica	[meritʃa]
pimienta (f) roja	cabai merah	[tʃabaj merah]
pimiento (m) dulce	cabai	[tʃabaj]
pistachos (m pl)	badam hijau	[badam hidʒɪau]
pizza (f)	piza	[piza]
platillo (m)	alas cangkir	[alas tʃaŋkir]
plato (m)	masakan, hidangan	[masakan], [hidaŋan]
plato (m)	piring	[piriŋ]
pomelo (m)	jeruk Bali	[dʒɪeruʔ bali]

porción (f)	**porsi**	[porsi]
postre (m)	**hidangan penutup**	[hidaŋan penutup]
propina (f)	**tip**	[tip]
proteínas (f pl)	**protein**	[protein]
pudin (m)	**puding**	[pudiŋ]
puré (m) de patatas	**kentang tumbuk**	[kentaŋ tumbuʔ]
queso (m)	**keju**	[kedʒʲu]
rábano (m)	**radis**	[radis]
rábano (m) picante	**lobak pedas**	[lobaʔ pedas]
rúsula (f)	**jamur rusula**	[dʒʲamur rusula]
rebozuelo (m)	**jamur chanterelle**	[dʒʲamur tʃanterelle]
receta (f)	**resep**	[resep]
refresco (m)	**minuman penygar**	[minuman penigar]
regusto (m)	**nuansa rasa**	[nuansa rasa]
relleno (m)	**inti**	[inti]
remolacha (f)	**ubi bit merah**	[ubi bit merah]
ron (m)	**rum**	[rum]
sésamo (m)	**wijen**	[widʒʲen]
sabor (m)	**rasa**	[rasa]
sabroso (adj)	**enak**	[enaʔ]
sacacorchos (m)	**kotrek**	[kotreʔ]
sal (f)	**garam**	[garam]
salado (adj)	**asin**	[asin]
salchichón (m)	**sosis**	[sosis]
salchicha (f)	**sosis**	[sosis]
salmón (m)	**salmon**	[salmon]
salmón (m) del Atlántico	**ikan salem**	[ikan salem]
salsa (f)	**saus**	[saus]
sandía (f)	**semangka**	[semaŋka]
sardina (f)	**sarden**	[sarden]
seco (adj)	**kering**	[keriŋ]
seta (f)	**jamur**	[dʒʲamur]
seta (f) comestible	**jamur makanan**	[dʒʲamur makanan]
seta (f) venenosa	**jamur beracun**	[dʒʲamur bəratʃun]
seta calabaza (f)	**jamur boletus**	[dʒʲamur boletus]
siluro (m)	**lais junggang**	[lajs dʒʲuŋgaŋ]
sin alcohol	**tanpa alkohol**	[tanpa alkohol]
sin gas	**tanpa gas**	[tanpa gas]
sopa (f)	**sup**	[sup]
soya (f)	**kacang kedelai**	[katʃaŋ kedelaj]
té (m)	**teh**	[teh]
té (m) negro	**teh hitam**	[teh hitam]
té (m) verde	**teh hijau**	[teh hidʒʲau]
tallarines (m pl)	**mi**	[mi]
tarta (f)	**kue tar**	[kue tar]
tarta (f)	**pai**	[pai]
taza (f)	**cangkir**	[tʃaŋkir]
tenedor (m)	**garpu**	[garpu]
tiburón (m)	**ikan hiu**	[ikan hiu]
tomate (m)	**tomat**	[tomat]
tortilla (f) francesa	**telur dadar**	[telur dadar]
trigo (m)	**gandum**	[gandum]

trucha (f)	ikan forel	[ikan forel]
uva (f)	buah anggur	[buah aŋgur]
vaso (m)	gelas	[gelas]
vegetariano (adj)	vegetarian	[vegetarian]
vegetariano (m)	vegetarian	[vegetarian]
verduras (f pl)	sayuran hijau	[sajuran hiʤʲau]
vermú (m)	vermouth	[vermut]
vinagre (m)	cuka	[ʧuka]
vino (m)	anggur	[aŋgur]
vino (m) blanco	anggur putih	[aŋgur putih]
vino (m) tinto	anggur merah	[aŋgur merah]
vitamina (f)	vitamin	[vitamin]
vodka (m)	vodka	[vodka]
whisky (m)	wiski	[wiski]
yema (f)	kuning telur	[kuniŋ telur]
yogur (m)	yogurt	[yogurt]
zanahoria (f)	wortel	[wortel]
zarzamoras (f pl)	beri hitam	[beri hitam]
zumo (m) de naranja	jus jeruk	[ʤʲus ʤʲeruʔ]
zumo (m) fresco	jus peras	[ʤʲus pəras]
zumo (m), jugo (m)	jus	[ʤʲus]

Indonesio-Español glosario gastronómico

adas manis	[adas manis]	anís (m)
adas sowa	[adas sowa]	eneldo (m)
air	[air]	agua (f)
air mineral	[air mineral]	agua (f) mineral
air minum	[air minum]	agua (f) potable
alas cangkir	[alas tʃaŋkir]	platillo (m)
anggur	[aŋgur]	vino (m)
anggur merah	[aŋgur merah]	vino (m) tinto
anggur putih	[aŋgur putih]	vino (m) blanco
angsa	[aŋsa]	ganso (m)
apel	[apel]	manzana (f)
aperitif	[aperitif]	aperitivo (m)
aprikot	[aprikot]	albaricoque (m)
artisyok	[artiʃoʔ]	alcachofa (f)
asap	[asap]	ahumado (adj)
asin	[asin]	salado (adj)
asparagus	[asparagus]	espárrago (m)
avokad	[avokad]	aguacate (m)
ayam	[ajam]	gallina (f)
badam	[badam]	almendra (f)
badam hijau	[badam hidʒ¦au]	pistachos (m pl)
bakon	[beykon]	beicon (m)
bar	[bar]	bar (m)
bawang	[bawaŋ]	cebolla (f)
bawang putih	[bawaŋ putih]	ajo (m)
bayam	[bajam]	espinaca (f)
bebek	[bebeʔ]	pato (m)
beku	[beku]	congelado (adj)
belut	[belut]	anguila (f)
beras, nasi	[beras], [nasi]	arroz (m)
bergas	[bergas]	con gas
beri hitam	[beri hitam]	zarzamoras (f pl)
berkarbonasi	[berkarbonasi]	gaseoso (adj)
biji-bijian	[bidʒi-bidʒian]	grano (m)
binatang buruan	[binataŋ buruan]	caza (f) menor
bir	[bir]	cerveza (f)
bir hitam	[bir hitam]	cerveza (f) negra
bir putih	[bir putih]	cerveza (f) rubia
biskuit	[biskuit]	galletas (f pl)
bistik	[bistiʔ]	bistec (m)
blackcurrant	[bleʔkaren]	grosella (f) negra
bon	[bon]	cuenta (f)
brokoli	[brokoli]	brócoli (m)
buah	[buah]	fruto (m)

buah anggur	[buah aŋgur]	uva (f)
buah ara	[buah ara]	higo (m)
buah arbei hijau	[buah arbei hidʒʲau]	grosella (f) espinosa
buah beri	[buah bəri]	baya (f)
buah bilberi	[buah bilberi]	arándano (m)
buah ceri asam	[buah tʃeri asam]	guinda (f)
buah ceri manis	[buah tʃeri manis]	cereza (f)
buah cowberry	[buah kowberi]	arándano (m) rojo
buah delima	[buah delima]	granada (f)
buah frambus	[buah frambus]	frambuesa (f)
buah kelapa	[buah kelapa]	nuez (f) de coco
buah kranberi	[buah kranberi]	arándano (m) agrio
buah kurma	[buah kurma]	dátil (m)
buah walnut	[buah walnut]	nuez (f)
buah zaitun	[buah zajtun]	olivas, aceitunas (f pl)
buah-buah beri	[buah-buah bəri]	bayas (f pl)
buah-buahan	[buah-buahan]	frutos (m pl)
bubur	[bubur]	gachas (f pl)
buckwheat	[bakvit]	alforfón (m)
bulir	[bulir]	espiga (f)
bumbu	[bumbu]	condimento (m)
cabai	[tʃabaj]	pimiento (m) dulce
cabai	[tʃabaj]	paprika (f)
cabai merah	[tʃabaj merah]	pimienta (f) roja
cangkir	[tʃaŋkir]	taza (f)
cappuccino	[kaputʃino]	capuchino (m)
caviar	[kaviar]	caviar (m)
cengkih	[tʃeŋkih]	clavo (m)
cokelat	[tʃokelat]	chocolate (m)
cokelat	[tʃokelat]	de chocolate (adj)
cuka	[tʃuka]	vinagre (m)
cumi-cumi	[tʃumi-tʃumi]	calamar (m)
daftar anggur	[daftar aŋgur]	carta (f) de vinos
daging	[dagiŋ]	carne (f)
daging anak sapi	[dagiŋ ana' sapi]	carne (f) de ternera
daging babi	[dagiŋ babi]	carne (f) de cerdo
daging domba	[dagiŋ domba]	carne (f) de carnero
daging giling	[dagiŋ giliŋ]	carne (f) picada
daging sapi	[dagiŋ sapi]	carne (f) de vaca
daun salam	[daun salam]	hoja (f) de laurel
dengan es	[deŋan es]	con hielo
diet, pola makan	[diet], [pola makan]	dieta (f)
dingin	[diŋin]	frío (adj)
emping jagung	[empiŋ dʒʲaguŋ]	copos (m pl) de maíz
enak	[ena']	sabroso (adj)
es	[es]	hielo (m)
es krim	[es krim]	helado (m)
gandum	[gandum]	trigo (m)
gandum hitam	[gandum hitam]	centeno (m)
garam	[garam]	sal (f)
garpu	[garpu]	tenedor (m)
gelas	[gelas]	vaso (m)

gelas anggur	[gelas aŋgur]	copa (f) de vino
goreng	[goreŋ]	frito (adj)
gula	[gula]	azúcar (m)
ham	[ham]	jamón (m) fresco
ham, daging kornet	[ham], [dagiŋ kornet]	jamón (m)
hamburger	[hamburger]	hamburguesa (f)
hati	[hati]	hígado (m)
hidangan penutup	[hidaŋan penutup]	postre (m)
ikan	[ikan]	pescado (m)
ikan bream	[ikan bream]	brema (f)
ikan forel	[ikan forel]	trucha (f)
ikan haring	[ikan hariŋ]	arenque (m)
ikan hiu	[ikan hiu]	tiburón (m)
ikan karper	[ikan karper]	carpa (f)
ikan kembung	[ikan kembuŋ]	caballa (f)
ikan kod	[ikan kod]	bacalao (m)
ikan pike	[ikan paik]	lucio (m)
ikan salem	[ikan salem]	salmón (m) del Atlántico
ikan sebelah	[ikan sebelah]	lenguado (m)
ikan seligi tenggeran	[ikan seligi teŋgeran]	lucioperca (f)
ikan sturgeon	[ikan sturdʒʲen]	esturión (m)
ikan tilapia	[ikan tilapia]	perca (f)
ikan turbot	[ikan turbot]	fletán (m)
inti	[inti]	relleno (m)
irisan	[irisan]	loncha (f)
jagung	[dʒʲaguŋ]	maíz (m)
jagung	[dʒʲaguŋ]	maíz (m)
jahe	[dʒʲahe]	jengibre (m)
jamur	[dʒʲamur]	seta (f)
jamur Amanita muscaria	[dʒʲamur amanita mustʃaria]	matamoscas (m)
jamur beracun	[dʒʲamur beratʃun]	seta (f) venenosa
jamur boletus	[dʒʲamur boletus]	seta (f) calabaza (f)
jamur boletus berk	[dʒʲamur boletus berʲ]	boleto (m) áspero
jamur chanterelle	[dʒʲamur tʃanterelle]	rebozuelo (m)
jamur makanan	[dʒʲamur makanan]	seta (f) comestible
jamur morel	[dʒʲamur morel]	colmenilla (f)
jamur rusula	[dʒʲamur rusula]	rúsula (f)
jamur topi jingga	[dʒʲamur topi dʒiŋga]	boleto (m) castaño
jamur topi kematian	[dʒʲamur topi kematian]	oronja (f) verde
jawawut	[dʒʲawawut]	mijo (m)
jelai	[dʒʲelaj]	cebada (f)
jeruk Bali	[dʒʲeruʔ bali]	pomelo (m)
jeruk mandarin	[dʒʲeruʔ mandarin]	mandarina (f)
jeruk manis	[dʒʲeruʔ manis]	naranja (f)
jeruk sitrun	[dʒʲeruʔ sitrun]	limón (m)
jin, jenewer	[dʒin], [dʒʲenewer]	ginebra (f)
jintan	[dʒintan]	comino (m)
jus	[dʒʲus]	zumo (m), jugo (m)
jus jeruk	[dʒʲus dʒʲeruʔ]	zumo (m) de naranja
jus peras	[dʒʲus peras]	zumo (m) fresco
jus tomat	[dʒʲus tomat]	jugo (m) de tomate

kacang buncis	[katʃaŋ buntʃis]	fréjol (m)
kacang hazel	[katʃaŋ hazel]	avellana (f)
kacang kedelai	[katʃaŋ kedelaj]	soya (f)
kacang lentil	[katʃaŋ lentil]	lenteja (f)
kacang polong	[katʃaŋ poloŋ]	guisante (m)
kacang tanah	[katʃaŋ tanah]	cacahuete (m)
kacang-kacangan	[katʃaŋ-katʃaŋan]	habas (f pl)
kaldu	[kaldu]	caldo (m)
kalkun	[kalkun]	pava (f)
kalori	[kalori]	caloría (f)
karbohidrat	[karbohidrat]	carbohidratos (m pl)
kayu manis	[kaju manis]	canela (f)
keju	[kedʒʲu]	queso (m)
kelinci	[kelintʃi]	conejo (m)
kembang kol	[kembaŋ kol]	coliflor (f)
kentang	[kentaŋ]	patata (f)
kentang tumbuk	[kentaŋ tumbuʔ]	puré (m) de patatas
kepiting	[kepitiŋ]	cangrejo (m) de mar
kering	[keriŋ]	seco (adj)
ketumbar	[ketumbar]	cilantro (m)
kismis	[kismis]	pasas (f pl)
kiwi	[kiwi]	kiwi (m)
koktail	[koktajl]	cóctel (m)
kol	[kol]	col (f)
kol Brussels	[kol brusels]	col (f) de Bruselas
konyak	[konjaʔ]	coñac (m)
kopi	[kopi]	café (m)
kopi instan	[kopi instan]	café (m) soluble
kopi pahit	[kopi pahit]	café (m) solo
kopi susu	[kopi susu]	café (m) con leche
kotrek	[kotreʔ]	sacacorchos (m)
krim	[krim]	crema (f) de mantequilla
krim asam	[krim asam]	nata (f) agria
krim, kepala susu	[krim], [kepala susu]	nata (f) líquida
krustasea	[krustasea]	crustáceos (m pl)
kue	[kue]	mini tarta (f)
kue tar	[kue tar]	tarta (f)
kue-mue	[kue-mue]	pasteles (m pl)
kulit	[kulit]	piel (f)
kuma-kuma	[kuma-kuma]	azafrán (m)
kuning telur	[kuniŋ telur]	yema (f)
labu	[labu]	calabaza (f)
labu siam	[labu siam]	calabacín (m)
lais junggang	[lajs dʒʲuŋgaŋ]	siluro (m)
lauk	[lauʔ]	guarnición (f)
lemak	[lemaʔ]	grasas (f pl)
lidah	[lidah]	lengua (f)
likeur	[likeur]	licor (m)
limun	[limun]	limonada (f)
lobak pedas	[lobaʔ pedas]	rábano (m) picante
lobster berduri	[lobster bərduri]	langosta (f)
madu	[madu]	miel (f)

makan malam	[makan malam]	cena (f)
makan pagi, sarapan	[makan pagi], [sarapan]	desayuno (m)
makan siang	[makan siaŋ]	almuerzo (m)
makanan	[makanan]	comida (f)
makanan kalengan	[makanan kaleŋan]	conservas (f pl)
makanan laut	[makanan laut]	mariscos (m pl)
makanan ringan	[makanan riŋan]	entremés (m)
makaroni	[makaroni]	macarrones (m pl)
mangga	[maŋga]	mango (m)
manis	[manis]	azucarado, dulce (adj)
margarin	[margarin]	margarina (f)
marinade	[marinade]	marinado (adj)
marmelade	[marmelade]	mermelada (f)
masakan	[masakan]	cocina (f)
masakan, hidangan	[masakan], [hidaŋan]	plato (m)
mayones	[majones]	mayonesa (f)
melon	[melon]	melón (m)
menir	[menir]	cereales (m pl) integrales
mentega	[məntega]	mantequilla (f)
mentimun, ketimun	[məntimun], [ketimun]	pepino (m)
menu	[menu]	carta (f), menú (m)
merica	[meritʃa]	pimienta (f) negra
mi	[mi]	tallarines (m pl)
minoman beralkohol	[minoman bəralkohol]	bebidas (f pl) alcohólicas
minuman penygar	[minuman penigar]	refresco (m)
minuman ringan	[minuman riŋan]	bebida (f) sin alcohol
minyak bunga matahari	[minja' buŋa matahari]	aceite (m) de girasol
minyak nabati	[minja' nabati]	aceite (m) vegetal
minyak zaitun	[minja' zajtun]	aceite (m) de oliva
mustar	[mustar]	mostaza (f)
nafsu makan	[nafsu makan]	apetito (m)
nanas	[nanas]	piña (f)
nuansa rasa	[nuansa rasa]	regusto (m)
oat	[oat]	avena (f)
padi-padian	[padi-padian]	cereales (m pl)
pahit	[pahit]	amargo (adj)
pai	[pai]	tarta (f)
panas	[panas]	caliente (adj)
pasta	[pasta]	paté (m)
pelayan bar	[pelajan bar]	barman (m)
pelayan lelaki	[pelajan lelaki]	camarero (m)
pelayan perempuan	[pelajan pərempuan]	camarera (f)
pembuka botol	[pembuka botol]	abrebotellas (m)
pembuka kaleng	[pembuka kaleŋ]	abrelatas (m)
pepaya	[pepaja]	papaya (f)
permen	[pərmen]	caramelo (m)
permen karet	[pərmen karet]	chicle (m)
persik	[persi']	melocotón (m)
peterseli	[peterseli]	perejil (m)
pir	[pir]	pera (f)
piring	[piriŋ]	plato (m)
pisang	[pisaŋ]	banana (f)

pisau	[pisau]	cuchillo (m)
piza	[piza]	pizza (f)
plum	[plum]	ciruela (f)
porsi	[porsi]	porción (f)
potongan	[potoŋan]	pedazo (m)
protein	[protein]	proteínas (f pl)
puding	[pudiŋ]	pudin (m)
putih telur	[putih telur]	clara (f)
radis	[radis]	rábano (m)
rasa	[rasa]	sabor (m)
rebus	[rebus]	cocido en agua (adj)
redcurrant	[redkaren]	grosella (f) roja
remah	[remah]	miga (f)
rempah-rempah	[rempah-rempah]	especia (f)
resep	[resep]	receta (f)
roti	[roti]	pan (m)
roti lapis	[roti lapis]	bocadillo (m)
rum	[rum]	ron (m)
salada	[salada]	ensalada (f)
salmon	[salmon]	salmón (m)
sampanye	[sampanje]	champaña (f)
sarden	[sarden]	sardina (f)
saus	[saus]	salsa (f)
sayuran	[sajuran]	legumbres (f pl)
sayuran hijau	[sajuran hidʒˈau]	verduras (f pl)
selada	[selada]	lechuga (f)
selai	[selaj]	confitura (f)
selai buah utuh	[selaj buah utuh]	confitura (f)
Selamat makan!	[selamat makan!]	¡Que aproveche!
selasih	[selasih]	albahaca (f)
seledri	[seledri]	apio (m)
semangka	[semaŋka]	sandía (f)
sendok	[sendoʔ]	cuchara (f)
sendok makan	[sendoʔ makan]	cuchara (f) de sopa
sendok teh	[sendoʔ teh]	cucharilla (f)
sosis	[sosis]	salchichón (m)
sosis	[sosis]	salchicha (f)
spageti	[spageti]	espagueti (m)
stroberi	[stroberi]	fresa (f)
stroberi liar	[stroberi liar]	fresa (f) silvestre
sup	[sup]	sopa (f)
susu	[susu]	leche (f)
susu kental	[susu kental]	leche (f) condensada
susu kocok	[susu kotʃoʔ]	batido (m)
tanpa alkohol	[tanpa alkohol]	sin alcohol
tanpa gas	[tanpa gas]	sin gas
teh	[teh]	té (m)
teh hijau	[teh hidʒˈau]	té (m) verde
teh hitam	[teh hitam]	té (m) negro
telur	[telur]	huevo (m)
telur	[telur]	huevos (m pl)
telur dadar	[telur dadar]	tortilla (f) francesa

telur mata sapi	[telur mata sapi]	huevos (m pl) fritos
tepung	[tepuŋ]	harina (f)
terung, terong	[teruŋ], [teroŋ]	berenjena (f)
tip	[tip]	propina (f)
tiram	[tiram]	ostra (f)
tomat	[tomat]	tomate (m)
tuna	[tuna]	atún (m)
turnip	[turnip]	nabo (m)
tusuk gigi	[tusuʼ gigi]	mondadientes (m)
ubi bit merah	[ubi bit merah]	remolacha (f)
udang	[udaŋ]	camarón (m)
vegetarian	[vegetarian]	vegetariano (m)
vegetarian	[vegetarian]	vegetariano (adj)
vermouth	[vermut]	vermú (m)
vitamin	[vitamin]	vitamina (f)
vodka	[vodka]	vodka (m)
wafel	[wafel]	gofre (m)
wijen	[widʒien]	sésamo (m)
wiski	[wiski]	whisky (m)
wortel	[wortel]	zanahoria (f)
yogurt	[yogurt]	yogur (m)

www.ingramcontent.com/pod-product-compliance
Lightning Source LLC
LaVergne TN
LVHW022315080426
835509LV00037B/3049